굿나잇 욥선생

굿나잇

욥선생

―

한사람

굿나잇 **욥선생**

초판1쇄 발행 2024년 6월 19일

지은이 **최주석**

펴낸이/ 우지연 편집/ 임미경 송희진 그림/ 김선희 디자인/ 샘물
마케팅/ 스티븐jh 경영/ 박봉순 강운자
펴낸곳/ 한사람 등록번호 제2020-000022호
등록일자 2020년 1월 30일 주소 경기도 남양주시 다산지금로 202
홈페이지 https://hansarambook.modoo.at
블로그 https://blog.naver.com/pleasure20
ISBN 979-11-92451-32-9(03230)

ⓒ 저자와의 협약으로 인지는 생략했습니다.
이 책의 저작권은 저자와 독점계약한 한사람 출판사에 있습니다.
무단전재와 무단복제를 금합니다.
잘못 만들어진 책은 구입하신 서점에서 바꿔드립니다.

차례

단골 화장실　10

인생상담소　16

욥을 만나다　22

울 시간이 필요하다　32

삶의 의미를 찾지 못하면 의미가 찾아온다　46

확성기 소리를 들어라　56

하소연　68

감정은 무시해야 할 때가 있다　78

근심과 불안 속에서 기쁨을 발견하라　93

나의 의식이 현실을 창조한다　107

절대자의 위로　122

일상　134

▌에필로그

굿나잇
욥선생

단골 화장실

 회사까지 한 정거장 남았다. 월요일 오전 지하철 2호선. 몇몇이 언성을 높이고, 전철 안으로 들어오려는 사람과 빠져나가는 사람이 뒤섞였다. 내 앞에는 커다란 백팩을 멘 청년이 버티고 서 있었다. 백팩 끝부분이 내 명치를 지그시 눌렀다.

 회사까지 고작 한 정거장을 남기고 복부에 통증이 일었다. 이번에 좀 센 스테로이드를 복용하고 괜찮아지나 싶었는데, 며칠 전부터 그 병이 재발한 것 같다. 이번 주말에도 때와 장소를 가리지 않고 화장실을 들락날락했다. 그런데 하필 중요한 회의를 앞둔 월요일 아침에 신호가 오기 시작한 것이다.

나는 전 정거장에서 내려 개찰구 옆에 있는 화장실로 뛰어 올라갔다. 계단을 몇 개씩 점프해서 가까스로 화장실에 도착했다. 변기에 앉아 처음 한 일은 핸드폰을 꺼내 동기 박 과장에게 메시지를 보내는 일이었다.

"굿모닝. 미안한데 회의 좀 준비해 줄 수 있어?"

나는 이런저런 일로 동기 박 과장에게 부탁하곤 했다. 동기들은 나를 제외하고 모두 과장으로 승진했다. 나는 과장대우 대리라고는 하지만 공식적인 직함은 오노남 대리이다.

"또…? 알았어. 천천히 와."

박 과장의 메시지를 받고 안도의 한숨을 내쉬었다. 어차피 승진은 포기한 지 오래고 직장생활에 대한 미련은 내려놓은 상태이다.

나는 매년 승진심사에서 떨어졌다. '오 대리! 그래

도 안 나가?'라고 말하는 것 같은 임원들의 시선이 나를 주눅 들게 했다. 하지만 방법이 없었다. 딸아이 둘. 처자식이 있는 상황에서 모아놓은 재산이 있는 것도 아니었다. 40대에 들어선 11년 차 대리. 호텔리어에게는 치명적인 병을 안고 사는 나. 그런 내가 이직을 한다거나 업종을 바꾼다는 것은 생각할 수도 없는 일이었다. 앞을 보면 임원들의 일그러진 얼굴이, 뒤를 보면 나만 의지하는 가족들이 있었다.

처음, 크론병을 진단받았을 때 대학병원 교수는 내게 많은 조언을 해 줬다.

"원인은 명확하지 않습니다."

"입에서 항문까지 소화를 담당하는 모든 장기에 염증이 나타날 수 있고요. 악화와 호전을 반복합니다."

"설사랑 복통이 대표적인 증상인데 종종 관절염도 동반하고요. 소화기관을 포함해서 전신에 이상 증상이 나타날 수 있습니다."

교수님은 이 병에 완치란 게 없다고 했다. 그리고 나는 병세가 심한 편이라 만약 더 악화된다면 대장의 일부를 절제해야 할 수도 있다고 했다. 이 지긋지긋한 복통과 하루에도 화장실을 수십 번 드나드는 일상을 평생 계속 해야 한다고? 장을 자른다고? 그 생각에 몇 달간 우울하고 불안에 시달려 정신과에 간 적도 있다.

"오노남 대리. 호텔에서 근무한다는 사람이 왜 이리 표정이 어두워? 우리는 서비스업에 종사하는 사람들이라고. 사람이 좀 밝아야지."

호텔 총지배인과 주위 동료들, 심지어 체크인하려는 고객들도 나를 못마땅하게 생각하는 듯했다.

"다들 저를 싫어하는 것 같아요."

정신건강의학과 전문의는 연신 고개를 끄덕이며 키보드를 두드렸다. 그의 손은 보이지 않는 피

아노를 연주하는 것처럼 현란하게 움직였다. 그리고 나는 기나긴 스펠링의 약 이름이 적힌 처방전을 받았다.

나의 단골 화장실.
차가운 변기에 앉아 내 앞을 지키고 서 있는 회색 문을 본다.

장기 삽니다. 목돈 필요하신 분 010-3422-oooo

남남북녀. 미모의 탈북 여성과의 만남 1566-oooo

지금 시대가 어느 시대인데 이런 찌라시가 있나 싶었지만 화장실 문에는 이런 명함이 스티커로 붙어있었다. 장기야말로 내가 사고 싶다. 건강한 사람의 건강한 위장이라면 더더욱. 잠잠해지는가 싶던 복통이 다시 시작되었다. 식은땀을 흘리며 물렁물렁한 나의 뱃살을 연신 문질렀다.

그때였다.

인생상담소
신촌역 문화공원 안

 금박으로 장식된 고급스러운 용지에 궁서체의 글자가 인쇄된 명함이 내 발치에 떨어져 있었다. 이런 공중화장실에 뿌려지기에는 아까울 정도로 원가가 꽤 나갈 것 같은 재질의 명함이었다. 하지만 명함의 퀄리티보다 내용이 조금 우스꽝스러웠다. 인생 상담이라니. 새로운 종류의 사기 수법인가? 그리고 신촌역 문화공원은 내가 사는 빌라에서 걸어서 10분 거리에 있는 작은 공원이다.

 "오노남 대리님. 출근하시면 인사팀 사무실에 들러주세요. 이사님이 보자고 하십니다."

 메시지를 확인하고 시계를 보았다. 8시 55분. 아직 가시지 않는 통증의 여운을 움켜쥔 채 급히 바지춤을 올렸다.

인생상담소

그날로부터 일주일이 흘렀다.

나는 집 밖으로 나왔다. 해가 지면 외출하는 게 나의 루틴이 되기 시작했다. 조금 걸으면 배의 통증도 덜해지는 것 같았고 어려운 인간관계와 직장생활 같은 잡념도 희미해졌다. 그리고 눈치를 보지 않고 담배를 필 수 있었다. 게다가 서늘해져 가는 바람을 맞는 것도 좋았다.

그날 밤은 유독 바람이 차가웠다. 정처 없이 신촌의 길거리를 걸었다. 생기발랄한 청년들이 많이 보였고, 그 사이를 팔자걸음으로 걷고 있는 40대

중년의 초라한 행색이 백화점 주차장 출구에 서 있는 원형 거울에 비쳤다.

지난주, 6개월의 병가 휴가를 신청했다. 자의와 타의, 그 어느 쪽도 아닌 애매한 결정이었다. 인사팀 이사님은 걱정스러운 표정으로 나를 바라보셨다. 나는 내성적인 성격을 고쳐보기 위해 대학 시절 잠시 연기 동아리에 몸담은 적이 있었다. 그때의 경험 덕분인지 이사님의 표정이 연기인지 진심인지 구분할 수 있었다. 이사님은 진심으로 나를 걱정하고 계셨다.

"오대리. 먹여 살릴 가족이 있는 사람이 자기 몸을 잘 돌봐야지. 스트레스받지 말고 재충전의 시간을 갖는 것도 좋을 것 같아."

'무급으로 진행되는 휴가가 제일 스트레스예요!'라고 말하고 싶었지만, 차마 그 말은 하지 못했다.

신촌. 주점들이 즐비한 이 거리. 그 가운데에 자

리 잡은 공원의 벤치에 앉았다. 공원 한쪽에 있는 공중화장실에서는 몇몇 10대들이 담배를 피우고 있었고, 나는 그 무리 속에 내 딸아이가 있나 싶어 슬쩍 쳐다보았다.

공원 안에는 비틀어져 가는 나무 몇 그루가 심겨 있고, 낙엽이 바람에 날려 나무를 빙빙 휘감는 모양새다. 저쪽 벤치 한쪽에는 노숙자 차림의 아저씨가 보름달 빵을 먹고 있었다. 그리고 공원 다른 편 구석에는 자그마한 천막이 있었다. 천막 입구에는 '인생상담소'라고 어설프게 프린트한 용지가 코팅된 채 걸려있었다.

어라? 글자를 빤히 바라보며 담배를 한 대 물고 불을 붙였다. 픽 웃음이 나왔다. 상담이라…. '그래, 나란 놈은 상담이 필요한 인간이긴 하지.' 중얼거리며 담배 연기를 내뿜었다. 담배 연기가 천막 쪽으로 안개처럼 흘러간다.

가로등 불빛에 비친 천막 아래 한 사내의 실루엣이 보인다. 요지부동이다. 안에 사람이 있는 건지, 동상 같은 걸 세워 놓은 건지. 담배를 두 개비째 피우는 동안 움직임이 없다.

 네온사인의 불빛으로 요란한 이 거리. 다행히 내가 앉아있는 공원 벤치는 불빛의 지배에서 벗어나 있다. 어둑한 나무 밑 벤치. 그리고 공원 구석에 자리 잡은 인생상담소.

지난주, 지하철 화장실에서 바닥에 떨어진 인생 상담소 홍보 명함을 보았을 때는 그저 실소를 머금을 뿐이었다. 그러나, 우습게도 지금 내가 바로 그 인생상담소 앞에 서 있다.

이곳이 혹시 불법 장기 매매와 관련된 곳은 아닐까, 하는 의심이 들었다. 처자식이 있는데 먹여 살릴 능력이 없어서 인생이 괴롭습니까? 내 몸을 희생해서 가족에 행복을! 상담해 드립니다. 인생 상담! 그게 아니라면 노총각을 위한 불법 결혼 정보업체일 수도 있겠다는 생각도 들었다. 루저(loser)로 살고 계십니까? 밤마다 외로움에 거실 바닥만 긁어서 장판을 다시 깔아야 한다고요? 상담해 드립니다. 인생 상담! 그게 아니라면 그냥 사주팔자, 타로 같은 것을 보는 철학원? 알 수 없었다.

이런 공상 속에 가슴 한편이 답답해 왔다. 비염으로 코가 막혀 코로 숨을 못 쉬는 사람처럼 마음 한구석이 꽉 막혀서 어떠한 마음가짐도 가질 수 없었다. 아무리 줄담배를 피워 보아도 갑갑함이 사라지지 않았다.

나는 한동안 천막 주변을 서성거렸다. 그러다 나도 모르게 천막으로 발걸음을 내디뎠다. 이러한 현실에서 누군가에게, 길거리의 정체 모를 사람에게라도 나의 마음을 털어놓고 싶었다. 그렇게라도 하지 않으면 내 마음이 냉장고 속 오래된 귤처럼 썩어 문드러져 버릴 것만 같았다.

임시로 펼쳐 놓은 천막에는 커튼으로 된 출입구가 있었다. 출입구 문을 조심스레 열었다. 허름한 겉모습과는 다르게 조금 어둡지만 은은한 촛불이 빛을 발하고, 조그만 다락방에 들어온 것처럼 아늑했다. 가운데에는 작은 테이블과 간이 의자 두 개가 놓여있었다. 50대 중반으로 보이는 사내가 한쪽 의자에 앉아서 나를 바라보았다.

욥을 만나다

"빨리 들어오세요. 바람 들어옵니다."

 그의 모습은 길거리에서 흔히 볼 수 있는 도인의 복장과는 달랐다. 푸른색 계통의 양복 차림. 매끈한 회색 넥타이에 금색 넥타이핀. 방금 광을 낸 듯한 번쩍이는 검은 구두. 90년대 배우 안재욱이 유행시켰던 한쪽 눈썹을 가리는 길쭉한 앞머리. 왼쪽 가슴팍에는 땡땡이 무늬의 행거칩. 동그란 안경테와 살짝 검은색이 들어간 컬러 렌즈.

 '이 사람 뭐지.'

조금 당황스러웠다. 첫인상이 중요하다고 하지 않았던가. 그런데 그의 모습은 전혀 신뢰할 수 없는 이미지였다. 오히려 근처 콜라텍에 소개받으러 온 중년 아저씨 같았다. 잘못 들어왔다고 말하고 나가려고 하는 순간, 그가 말을 꺼냈다.

"여기 의자에 앉으시죠. 싸구려처럼 보일 수 있지만 이래 봬도 오십 년 된 백향목으로 만든 의자입니다. 진한 아메리카노 한잔하시겠습니까? 원두가 아주 훌륭합니다. 이렇게 싸늘한 날씨에는 카페인이 좀 들어가야지요."

의자를 흘낏 보니 모양은 간이 의자였으나 재질은 나무였다.

"백향목이라는 나무의 이름은 어디서 많이 들어본 것 같은데요."

사내는 테이블 밑에 있는 상자를 열었다. 상자 안에는 일회용 커피믹스 봉지와 종이컵이 들어 있었다. 그는 커피 봉지의 맨 끝을 잡아 설탕과 프림이 있는 부분을 꽉 잡아 빠져나가지 못하게 하고, 누런 종이컵에 커피만 쏟았다. 그리고 테이블 옆 전기난로 위에 있던 주전자의 물을 붓고 나무젓가락으로 종이컵을 휘저었다.

"고객님, 따뜻한 아메리카노 한 잔 나왔습니다."

나는 얼떨결에 설탕과 프림이 없는 커피믹스를 받고 의자에 앉았다. 한 모금 맛을 보니 생각보다 괜찮았다. 밤거리를 배회하느라 목이 얼어붙었는지 따뜻한 것이 들어가니 좀 살 것 같았다.

잠시 정적이 흘렀다.
사내는 계속 날 쳐다보았다.

"인생상담소라고 쓰여있더군요. 사주팔자나 타로 같은 것을 하시나요, 아니면…"

내가 말을 마치기도 전에 사내는 크게 웃으면서 말했다.

"그런 것들은 잘 모릅니다. 저는 단지 인생을 상담합니다. 그것이 마음에 들지 않으면 그냥 가셔도 좋습니다."

첫인상과는 다르게 목소리는 굵고 톤이 낮아서 그런지 꼭 학교 선생님 같았다.

"그렇군요. 그럼, 상담료는 어떻게.."

"어찌 됐든 반갑습니다. 난 욥이라고 합니다."

그는 나의 말을 가로막았다.

"욥이요? 가명인가요?"

사내는 화장실이 어디냐는 똑같은 질문을 수백 번 듣는 안내데스크 직원처럼, 무덤덤한 표정이었다.

"하긴, 도사님들이 실명으로 활동하진 않죠. 욥이라는 이름의 뜻은…"

"성경에 등장하는 욥이죠."

문득 어릴 때 교회 주일학교에서 들었던 이야기가 기억났다.

"아하, 그 욥이요.? 들어본 것 같습니다. 대충 내용도 기억납니다. 옛날 옛적에 욥이라는 사람이 있었는데 홀딱 망했다! 그리고 나중에는 다시 잘 되었다고 하나?"

사내는 얼굴을 잠시 찡그렸다가 이내 마음을 다잡듯 희미한 미소를 지어 보였다. 그의 얼굴에는 익살스러움과 진지함이 묘하게 어우러져 있었다.

사내는 종이컵에 물을 붓고 진한 아메리카노를 만들었다. 전기난로 옆에는 포장을 뜯지 않은 커피믹스 대여섯 개가 쌓여 있었다.

사내는 말이 없었다. 커피만 홀짝 소리를 내며 마시고 있었다. 나야 그렇다 치더라도 그가 왜 말이 없는지 이해가 안 됐다.

'TV를 보면 상담가들이 대화를 주도하면서 내담자의 내면 이야기를 끌어내던데. 하긴 제대로 된 상담가라면 이런 초라한 천막 안에서 이러고 있진 않겠지.'

하는 수 없이 내가 말을 꺼냈다.

"지나가는 길에 들어와 봤습니다. 전에 홍보 명함도 봤고요."

사내는 진지한 표정으로 나를 바라보았다. 그의 모습이 촛불에 비추어 근엄하게 보였다. 사실 근엄은 좋게 말한 것이고 조금 무섭게 느껴졌다.

"마음이 힘들어서 이곳을 찾으셨군요. 얼굴에 그렇게 쓰여 있습니다. 이곳은 마음이 우울하거나 불안한 사람들이 찾는 곳입니다. 생각해 보세요. 행복한 사람이 상담자를 찾거나, 밤에 길거리를 배회하는 일은 드물죠. 특히 이런 추운 겨울날에는 더욱 그렇습니다. 하지만 괜찮습니다. 이야기해 보세요."

사내가 이렇게 진지하게 나오자 나도 덩달아 진지해지는 듯했다.

"제 상황을 말씀드리자면…, 현재 회사를 쉬고 있습니다. 건강에 문제가 있어서 병가 휴가 중입니다. 월급이 나오진 않습니다. 그렇다고 모아놓은 재산이 있는 것도 아니고요. 몸도 엉망이고 가족들과도 사이가 좋지 않습니다. 물론 다 제 잘못이라 생각합니다."

사내는 고개를 끄덕였다.

"더 이상 이야기 안 하셔도 됩니다. 알 것 같습니다."

"… 알 것 같다고요?"

나도 모르게 허탈한 웃음이 새어 나왔다.

사내는 여전히 나를 빤히 바라보았다.

"친구들은 절 위로해 준답시고, 너보다 힘든 사람 많아. 힘내. 이런 소리를 하는데 타인의 고통과 비교하면서 제 자신을 위로하긴 싫습니다."

"그렇죠. 전 인류의 고통보다 자신의 치통이 힘든 법이니깐요."

"건강을 생각해서라도 담배를 끊어야 하는데 그러지도 못하고 있습니다. 담배 한 개비 피울 동안은 이런 고행을 잠시나마 잊을 수 있는 것 같아서요."

사내는 커피가 담긴 종이컵을 두 손으로 감쌌다. 인스턴트커피지만 진한 커피 향이 배어 나왔다.

"담배 한 개비로 잠시나마 고행을 잊는다고 하셨는데 ,제가 봤을 때 그건 불가능합니다. 왜냐하면 인생 자체가 고행이니까요."

"뭐, 고행이 아닌 사람들도 있긴 하겠죠. 걱정 없이 팔자 좋은 사람들 말이죠."

"그런 사람은 우주에 없습니다."

사내는 사향고양이의 배설물로 만들었다는 최고급 시빗 커피라도 마시는 것처럼 종이컵을 코에 대고 향을 맡으며 말했다.

"괜찮으시다면, 당신의 인생을 바꿀 수 있는 몇 문장을 알려드리고 싶습니다."

울 시간이 필요하다

"인생을 바꿀 문장이요?"

"네. 룰루 밀러(Lulu Miller)라는 작가가 멋진 말을 했더군요. '그 책이 이렇게 얇은 것은 헛소리는 걸러내고 진실만을 담고자 했기 때문이다.' 사람은 진실을 중요하게 생각합니다. 그런데 헛소리를 걸러내는 것에 관해서는 소홀하지요. 헛소리가 진실에 다가가는데 방해가 될 수 있는데 말입니다. 그런 의미에서 바로 본론으로 들어가지요. 첫 번째 문장은 '울 시간이 필요하다' 입니다."

사내는 재킷 맨 위의 단추를 풀어 넥타이를 느

슨하게 했다.

"내 친구 폴 투르니에(Paul Tournier)를 소개하고자 합니다. 그는 스위스의 의사이자 작가입니다. 1898년 스위스 제네바에서 태어났죠. 투르니에는 어렸을 때 아버지와 어머니를 모두 잃고, 외삼촌과 이모 밑에서 자랐습니다. 이런 불우한 어린 시절은 투르니에에게 인생에 대한 깊은 통찰을 주었습니다."

"아니, 잠깐. 그분 옛날 사람인 것 같은데 친구라고요?"

사내는 내 말에 개의치 않고 말을 이었다.

"폴 투르니에는 제네바 대학교에서 의학 학위를 받았습니다. 이후 그는 제네바에서 내과 의사로 개업하여 환자들을 진료했죠. 그리고 자기 경험과 통찰을 바탕으로 <고통보다 깊은>이라는 책을 출간했습니다. 이 책은 전 세계적으로 큰 반향을 일으켰지요."

사내는 잠시 무언가를 생각하는 듯했다.

"그대는 두 딸의 아버지라고 했나요?"

나는 순간 멈칫했다.

"가족과 사이가 안 좋다고 했지, 두 딸이라고는 이야기를 안 했는데요? 어쨌거나 딸 둘이 있는 건 맞습니다."

사내가 대강 짐작으로 말한 것인 것을 알면서도 내심 경계심이 들었다.

"그대도 부모이니까 알 것입니다. 사람이 성장하려면 부모의 역할이 중요하다는 것을요. 부모가 아이에게 미치는 영향은 아주 크죠. 그렇기에 많은 부모가 좋은 부모가 되기 위해 노력합니다. 그런데 이 사실을 아십니까? 세계사를 살펴보면 오히려 고아나 온전치 않은 가정에서 자라난 이들이 세계를 주도하고 여러 분야에서 창의력을 발휘한

적이 많았습니다."

"의외인데요? 그런데 이런 이야기를 왜 하시는 겁니까?"

"폴 투르니에는 여러 정신분석학자의 연구를 살펴보고 고통과 창조성 사이에 모종의 관계가 있다고 확신했습니다. 창조적인 예술가들 가운데 고아의 비율이 압도적으로 높았다는 거지요. 레오나르도 다빈치는 사생아였고 바흐, 장 자크 루소, 장 폴 샤르트, 몰리에르, 라신, 스탕달, 보들레르, 카뮈, 조르주 상드, 키플링, 에드가 앨런 포우, 단테, 알렉상드르 뒤마, 톨스토이, 볼테르, 바이런, 도스도예프스키, 발자크… 그들 모두 고아였습니다."[1]

"그런데… 어떻게 이 많은 사람을 다 외우셨죠?"

막힘없이 말하는 그의 모습에 나는 혀를 내둘렀다.

"너무 옛날 사람 이야기만 했네요. 애플의 창업자 스티브 잡스, 남아프리카 공화국의 인권운동가이자 전 대통령 넬슨 만델라, 세계적 영화감독 마이클 베이… 그들도 고아였습니다."

"무슨 말을 하고 싶으신 거죠?"

사내는 천막 밖 허공을 응시했다.

"이것은 상실을 통해 창의성을 보여준 많은 고아의 몇 가지 예일 뿐입니다. 투르니에가 말하고자 하는 것은 고아 생활이 어려운 경험일 수도 있지만 창의성을 일으키는 촉매제가 될 수도 있다는 것이죠. 우리는 상실에 직면했을 때 상실에 대처하고 삶의 의미를 창출할 새로운 방법을 찾아야 한다고요. 고통은 우리 자신과 주변 세계에 대한 더 깊은 이해로 이어질 수 있으며 이는 결국 창의성을 통해 표현될 수 있다는 것을 알려줍니다."

사내는 허공을 응시했던 눈을 돌려 나를 바라

보았다. 검은색 빛이 스며든 안경 렌즈에 나의 모습이 비쳤다.

"선생님의 말씀대로라면 상실과 아픔을 통해… 창조적인 사람이 된다, 이 말씀입니까?"

"방금 날 선생이라 부르셨죠? 이제야 진정한 상담이 이루어질 것 같군요."

사내는 호탕하게 웃고는 멋쩍은 듯 말을 이었다.

"하지만 이런 인과관계를 조심해야 하기도 합니다. 상실과 창조는 원인과 결과가 아닐 때도 있거든요."

"방금 관계가 있다고 말씀하지 않았나요?"

"앞에서 인용했듯 그것은 모종(某種)의 관계입니다. 상실이 반드시 창조로 이어지는 건 아니라는 말입니다."

"그 말의 뜻은 고난과 상실을 경험했어도 다 창조적인 사람이 되는 것은 아니다?"

11월의 이른 찬 바람이 천막 출입문 사이로 스며들었다. 누가 들어오려는 것인가 문 쪽을 흘겨보았으나 입구에는 아무도 없었다.

사내는 다 마신 종이컵을 휴지통에 던져 넣고 말했다.

"어떤 고아는 전과자가 되지만, 어떤 고아는 위대한 예술가가 됩니다. 상실이 창조로 이어지기 위해서는 상실을 인정하고 받아들이는 방식이 중요합니다."

"그런데 그게 쉽지 않습니다. 죽을병에 걸린 사람이 있다고 칩시다. 그 사람한테 상실을 받아들이는 방식이 중요하다느니, 창조적으로 성장하는 자신을 보게 된다느니, 라고 말하면 아마도 아무런 도움이 되지 않을 겁니다."

애석하게도 나는 머릿속으로는 상실을 인정하지 못하면서 마음으로는 나 자신이 실패자가 되었다고 느꼈다. 계속되는 복부의 통증. 이제는 통증에 대항할 여력도 남아 있지 않았다. 그래도 차라리 육체적 고통이 더 나았다. 하루에도 몇 번씩 호흡이 가빠지는 과호흡은 더 공포스러웠다. 재빨리 서랍 안에 감춰둔 신경안정제를 입에 털어 넣고 상황이 호전되기만을 기다려야 했다.

침대에 누워 새하얀 천장을 바라볼 때면 나는 내가 단지 DNA의 조합으로 만들어진 단백질 덩어리가 아닌가 하는 생각을 했다. 의미 없이 삶을 영위해 나가는 세포들의 조합. '내 생각, 감정들은 결국 뇌세포들의 전기자극들이 만들어 내는 환각일 뿐이야.'

모든 것이 의미 없다는 생각들이 육체의 고통보다 힘겨웠다. 어느 날인가 달력에 동그라미 쳐진 내 생일 날짜를 발견하고는 달력을 쓰레기통에 던져버렸다. 이것이 내가 상실을 받아들이는 방식이었다.

사내가 말했다.

"그대 말이 맞습니다. 그대 말처럼 쉽지 않은 게 사실입니다. 쉽지 않으니 그게 화가 납니다. 저도 그랬으니까요."

"선생님도 그런 경험이 있었단 말입니까?"

"저는 화가 아주 많이 났었지요. 내 인생 자체를 저주했으니까요. 부끄럽지만 전 제가 태어난 날과 어머니가 저를 임신한 날을 가장 싫어했습니다. 제 존재 자체가 사라지기를 원했으니깐요(욥 3:3)."

사내는 팔짱을 끼고 한숨을 내쉬며 계속 말을 했다.

"폴 투르니에는 말합니다. 상실을 받아들이기 위해서는 시간이 필요하다고요. 우리에겐 울 시간이 필요합니다. 눈물 닦을 시간도 필요하고요. 그러므로 너무 성급해하지 않았으면 합니다.

그런데. 하나 물어보죠. 그대는 성경 속의 욥기가 몇 장인지 알고 있나요?"

"제가 어떻게 알겠습니까? 그정도로 지식이 있는 건 아닙니다."

사내는 미소를 지었다.

"42장입니다."

"생각보다 많은데요?"

"많은 이들이 이해하지 못할 겁니다. 욥이 행복한 나날을 보내다가 고난을 겪었고, 이를 인내하여 결국 복을 받았다? 이런 내용이라면 원고지 한두 장이면 충분할 겁니다. 그런데 42장에 걸쳐 나의 원망과 분노, 절규가 뒤섞여 있습니다. 성경은 긴 장을 할애해서 나의 모든 애통함을 기록합니다.[2] 이렇게 길 필요가 있었을까요?"

"그건 제가 묻고 싶은 말입니다."

"욥기의 결론까지 가기까지 저에겐 울고 자책하고 분노하고 엎어질 시간이 필요했습니다. 마찬가지로 고아들이 창의성을 발휘하는 날까지, 그들은 오랜 시간 아픔과 상실과 타인의 편견과 싸워야 할 시간이 필요했습니다. 그래서 그대에게 필요한 것도 바로 '시간'입니다."

'시간이라니. 나에겐 얼마나 많은 시간이 필요한 것일까?'

울 시간이 필요하다

그나저나 사내는 자신을 성서 속에 있는 욥과 동일시하는 듯했다.

"선생님은 목사님입니까?"

"아니요. 저는 그들의 조상입니다."

"무슨 의미입니까? 조상이라니요?"

사내는 탁자 위에 손을 올려놓았다. 요즘 사람들은 하지 않는 특이한 모양의, 금이나 은도 아닌, 청동 같은 재질의 반지를 검지에 끼고 있었다. 대학교 교양수업으로 고대 역사를 배울 때 교재에서 본 그런 골동품 같아 보였다.

"말 그대로입니다. 조상이라는 단어가 좀 어색했군요. 그러면 선배라고 해두죠. 이 천막이 춥긴 하군요. 따뜻하게 촛불을 몇 개 더 켤까요?"

사내는 화제를 돌리려는 듯했다.

"아뇨, 괜찮습니다."

사내는 박스에서 촛대를 하나 더 꺼내 촛불을 켰다. 촛불 하나 더 켰을 뿐인데 방안의 어둠을 사그라뜨리는 듯했다.

삶의 의미를 찾지 못하면
의미가 찾아온다

사내는 말없이 탁자만 바라보았다.

"그대의 인생을 바꿀 두 번째 문장은 '삶의 의미를 찾지 못할지라도 언젠가 의미가 찾아온다'입니다. 이 문장을 설명하려면 내 친구 빅터 이야기를 해야 합니다."

사내는 또다시 친구 이야기를 꺼냈다.

"빅터… 요?"

"그렇습니다. 빅터 프랭크(Viktor E. Frankl) 박사 말입니다. 욥의 세 친구였던 엘리바스, 빌닷, 소발같이 철없는 친구들에 비하면 그 친구는 제법 생각이 깊은 사람이었죠."

알 수 없는 외국인들 이름이 나오기 시작했다. 이곳에서 벗어나야겠다고 생각하는 찰나에 사내는 내게 탈출할 틈을 주지 않고 이야기를 시작했다.

"내 친구 이야기를 들어보시죠. 빅터 프랭크 박사. 그는 1905년 오스트리아에서 태어난 정신과 의사입니다. 2차 세계대전 당시 유대인이라는 이유로 나치에 의해 강제수용소로 끌려가 3년이란 기간 동안 지옥을 경험하게 되죠. 나와 비슷한 아픔을 갖고 있어서 우린 마음이 잘 맞았습니다."

"계속 옛날 사람들을 친구라고 하시는데…. 농담입니까, 진심입니까?"

나의 마땅한 딴지에도 사내는 개의치 않고 말

했다.

"수용소에서의 경험은 빅터의 삶을 바꾸어 놓았고 그의 인생관 자체를 바꿨습니다. 그대도 영화나 다큐멘터리에서 많이 보았을 것입니다. 아우슈비츠 같은 수용소에서 얼마나 많은 고문과 폭압, 대량 학살이 이루어졌는지를 말이죠. 그는 그런 난리통 속에서도 정신과 의사로서 사람을 관찰하고 상황을 숙고했습니다. 그리고 몇 가지 깨달음을 얻었죠."

아우슈비츠에 끌려갔다는 유대인 정신과 의사를 친구로 두었다는 사내의 말에 어안이 벙벙했지만 사내는 진지하게 이야기를 이어 나갔다.

"빅터 프랭크 박사는 수용소에 들어온 직후 충격과 혼란을 겪었습니다. 그건 당연한 일이었죠. 죽음의 위협에 처한 상황에서도 삶의 의미를 찾기 위해 노력했지만 쉽지 않았습니다. 그는 굶주림, 질병, 폭력으로 고통받았고 매일 죽음과 마주해야 했습니다.

그러나 프랭크 박사는 다른 수감자들을 돕고, 희망을 잃지 않으려고 노력했습니다. 그는 수용소에서 풀려 난 후 당시를 회고하며 말합니다.

'인간에게서 빼앗을 수 있는 모든 것을 앗아갔지만 단 한 가지 빼앗을 수 없는 것이 있다. 그것은 바로 내면의 자유이다. 아무리 포로의 신세라고 하더라도 주어진 환경에서 자신의 태도를 선택하고 자신의 길을 선택하는 자유가 있다. 자극과 반응 사이에는 공간이 있고, 그 공간에서 반응을 선택할 힘이 우리에게 있다. 그리고 우리의 반응 속에 성장과 자유가 있다.'"

나는 어린 시절 보았던 영화 쉰들러 리스트가 떠올랐다.

"내 친구 빅터와 비교하긴 싫지만 나는 그러지 못했습니다. 너무도 극심한 고통 가운데 먹기도 전에 탄식이 나며 앓는 소리가 물이 쏟아지듯 했습니다(욥3:24). 나는 내가 마주한 현실에서 의미를 찾지 못했죠."

"아까부터 말씀하시는 것을 들어보면 무슨 힘든 일이 있으셨나 본데요…."

바람이 부는지 천막에서 툭 툭 소리가 났다.

내가 말했다.

"빅터 프랭클 박사의 이야기를 들으니까 제가 겪고 있는 이 일들이 조금 하찮게 여겨지기도 하네요. 전 수용소 포로 신세는 아니니깐요."

"아니요. '수용소에 갇힌 포로의 삶을 보시오, 당신 행복한지 아시오.'라는 의미는 아니었습니다. 빅터 프랭클 박사는 타인의 고통과 나의 고통을 비교하는 것은 시간과 에너지 낭비라고 말했습니다. 그는 모든 사람의 고통은 독특하며 다른 누구의 고통과도 비교할 수 없다고 말하죠. 그러니 그대는 내가 누구보다는 형편이 낫네, 하며 위안을 삼거나 내가 누구보다 더 힘드네, 하며 투덜거릴 필요도 없습니다. 그대는 그대의 아픔만 직시하면 됩니다."

사내의 말을 들으니 듣기가 민망했지만 망설임도 잠깐, 질문이 떠올랐다.

"네, 맞습니다. 그런데 방금 선생님도 그러지 않았습니까? 빅터 박사는 의미를 찾으려고 했는데 자신은 그러지 못했다고 자책하지 않았습니까?"

"나는 고통의 크기를 비교한 것이 아닙니다. 고통을 대하는 자세를 비교한 것이죠. 고통의 크기는 결정할 수 없습니다. 하지만 고통을 대하는 자세는 우리가 결정할 수 있죠. 방금 말했듯이 빅터는 의미를 찾았고 저는 의미를 못 찾고 헤매었습니다."

사내의 입에서 허연 입김이 새어 나왔다.

"빅터 프랭크 박사는 수용소에서 고통 안에 있는 삶의 의미를 발견했습니다. 그러한 경험으로 그는 로고테라피(logotherapy)라는 심리치료기법을 만들었습니다. 로고테라피는 빅터 프랭클 박사가 창시한 심리치료 방법입니다. '로고'(logo)는 그리스어로 '의미'(meaning)를 뜻하죠. 로고테라피는 삶의 의미를 찾는 것을 통해 진정한 삶의 행복을 추구할 수 있다고 믿습니다. 인간은 본질적으로 의미를 추구하는 존재라고 믿었던 것이죠. 그래서 삶의 의미를 찾지 못하면 정신적 고통과 불안을 경험할 수 있다고 했습니다."

사내는 한숨을 쉬었다. 무언가를 생각하는 듯 말이 없었다.

짧은 순간이지만 내 머릿속에도 빅터 프랭크 박사가 수용소의 어두운 독방 안에서 삶의 의미를 찾으며 밤새워 고민하는 장면이 스쳐 지나갔다.

"빅터 프랭크와 비교하면 나는 노력조차 못 했던 것 같습니다. 아까도 말했지만 긴 시간 동안 친구들과 논쟁하며 현실을 원망하고 삶을 저주한 게 전부였으니깐요."

"선생님도 의미를 찾으셨으면 합니다. 제가 할 말은 아니지만요…"

사내는 의미심장한 미소를 지었다.

"욥기의 마지막에 저와 하나님이 만나는 장면이 나옵니다. 저의 기나긴 원망과 애통 끝에 하나님이 찾아왔습니다."

또 시작이다. 이제는 신을 만났다는 것인가. 사이비 종교 포교자임이 틀림없다는 생각이 들면서도 사내의 진지함이 엿보이니 대화에서 빠져나올 수 없었다. 정신 차리자는 의미로 내 뺨을 문질러댔다.

"그래요. 그런데 하나님이 찾아왔다는 것이 무슨 말이죠? 무슨 계시를 받으셨나요?"

나의 비꼬는 말투에도 사내는 진지한 표정으로 나를 응시하고 있었다.

"하나님이 나에게 찾아왔다는 것, 폭풍 속에서 절대자를 만났다는 것. 그 자체가 나에겐 의미였습니다. 하나님은 존재 자체가 우리에게 '의미'가 되기 때문입니다. 우리는 빅터 프랭크 박사처럼 삶의 순간순간 의미를 발견할 수 있습니다. 하지만 의미를 발견하지 못한다고 해도 괜찮습니다. 의미를 찾지 못하면, 의미가 찾아옵니다. 나처럼 말입니다. 그래서 의미 없는 시간이란 존재하지 않습니다."

확성기 소리를 들어라

천막 안에는 전등 하나 없다. 단지 초 몇 개가 사내와 나 사이의 작은 공간에 빛을 내고 있다.

내가 물었다.

"선생님이 지금까지 말씀하신 것을 들어보면 고아와 같이 상실을 경험하는 사람에게 오히려 창의성이 발견되고 성장할 수 있다는 얘기인데요. 그리고 빅터 박사같이 나치의 수용소를 경험했던 사람들이 그 고통을 통해 의미를 발견했다고 하시지만… 고통에 너무 많은 의미를 부여하고 있는 건 아닌가 싶습니다. 신이 존재하는지 아닌지 모르지만 대체 이 세상에 왜 이런 아픔과 슬픔이 있는지 도무지 모르겠습니다. 만약 신이 있다면 왜 이대로 내버려 두시는 겁니까?"

사내는 천막의 출입구로 사용되는 이음새에 걸려있는 커튼을 바라보았다. 커튼 사이로 두터운 점퍼를 입은 사람들이 발걸음을 재촉하는 광경이 눈앞에 나타났다가 사라졌다. 자동차의 경적 소리는 요란하게 시끄러웠다.

"그대와 같은 고민을 내 친구 C.S 루이스(Clive Staples Lewis)도 했었죠."

"그분은 저도 알고 있습니다. 대학 영문학 수업 때 나니아 연대기란 작품을 주제로 리포트를 제출했었죠. 다른 책들도 몇 권 읽었고요. 물론 지금은 내용이 기억나지 않습니다만…."

"그렇습니다. 루이스는 나니아 연대기의 작가로 유명하죠. 많은 이들이 그를 판타지 작가로 알고 있는데 그는 위대한 사상가이기도 합니다. 1898년 아일랜드에서 태어난 영국의 소설가, 문학가, 신학자였죠. 기독교 집안에서 태어났으나 신앙을 버리고 완고한 무신론자가 되었던 루이스는 회심한 후, 치밀하고도 논리적인 변증과 명료하고 문학적인 문체로 뛰어난 저작들을 남겼습니다."

"그런데 선생님은 어떻게 인물들의 프로필을 줄줄이 외우고 있습니까?"

사내를 이단 종교 포교자라고 생각했었다. 그런데 사내의 암기력으로 보아 이 사내는 집에서 하루 종일 책만 읽는 학충에, 자신이 성서 속 인물이고 유명학자들을 자기 친구라고 생각하는 과대망상환자일지도 모르겠다.

"친구는 친구의 세세한 부분을 다 알고 있죠."

역시 예상된 답변이었다.

"루이스는 59세의 나이에 조이라는 여성과 결

혼했습니다. 당시 조이는 암에 걸려있었죠. 루이스는 조이의 병을 알면서도 결혼을 결심했습니다. 그가 조이를 얼마나 사랑했는지! 조이는 골수암 판정을 받았는데, 당시 루이스는 58세, 조이는 38세였습니다. 둘은 조이가 입원해 있던 영국 옥스퍼드의 레이든 병원에서 간단한 결혼식을 올렸습니다."

"많은 저작을 남긴 교수이기도 하지만 그러한 아픔이 있었군요. 그나저나 선생님의 암기력 하나는 정말이지…"

사내는 테이블을 손가락으로 가볍게 툭툭 쳤다.

"루이스 이야기가 나온 김에 인생을 바꿀 세 번째 문장을 꺼내야겠군요. 그것은 '확성기 소리를 들어라'입니다."

"확성기 소리라고 한다면?"

"그대가 한 질문이요. 신이 전지전능하고 선하

시다면 왜 세상을 이렇게 놔두었는지에 대해 루이스도 같은 질문을 한 적이 있었거든요. 신이 선하다고 한다면 그의 피조물을 행복하게 하고 싶어할 것이고, 전능하신 신이라면 그들을 행복하게 할 능력이 있다는 건 당연하니깐요. 그런데 우리가 살고 있는 세상은 고통으로 가득 차 있으니 이렇게 생각할 수밖에 없습니다. 그러므로 신은 존재하지 않거나 존재하더라도 선하지 않거나 전능하지 않거나 사람에게 관심이 없다고 말입니다."

나는 루이스와 같은 편이 된 것처럼 고개를 격하게 끄덕였다.

"논리적으로 일리가 있는데요."

"고통이 문제가 되는 사람은 이런 사람일 겁니다. 고통스러운 삶을 살면서 우리를 사랑하는 의로운 신이 있다고 믿는 사람들이죠."

"맞습니다. 제가 지금 마주한 현실이 그렇습니다."

"그대는 불가지론자라고 하지 않았나요? 신의 존재에 대해 알 수 없다는 태도를 보이는 사람 아닌가요?"

사내의 질문에 할 말이 없었다. 어쩌면 있을지 없을지도 모르는 신을 떠올리며 푸념하며 탓할 대상이 필요해서 한 말이었을지도.

사내는 긴 호흡을 했다.

"하나님은 전능하고 선하지만, 인간의 자유의지와 자연법칙을 허락했기 때문에 이 세상에 고통이 있는 것이라는 설명이 있습니다."

"그게 무슨 소리죠?"

"하나님은 자연법칙을 허용하심으로써 우주의 질서와 안정을 유지하시지만, 그 과정에서 고통과 악이 발생할 수도 있다는 것을 허용하신다는 것입니다. 그리고 하나님은 인간의 자유의지를 허락하

심으로써 인간이 자신의 선택에 내린 책임을 질 수 있도록 하고, 그 과정에서 고통과 악이 발생할 수 있다는 것도 허용하시죠."

"그러니까 요점은. 하나님이 전능하다고 해도 인간의 자유의지와 법칙이 지배하는 자연에는 고통이 필연적일 수 밖에 없다는 건가요?"

사내는 고개를 끄덕였다.

"이해되지 않습니다. 신이 만들었다는 이 세상에 고통이 꼭 필수적 요소가 되어야 한다는 게요. 고통과 악이 이 세상에서 어쩔 수 없다면 신이 개입해 줄 수 없습니까? 전능하시고 선하시다면서요."

사내와 나 사이에 촛불이 흔들리며 거인 같은 그림자가 일렁거렸다. 사내가 입고 있던 슈트가 아까보다 더 낡아 보였다.

"인간은 자유의지를 가지고 있어서 자신의 선택

에 대한 책임을 져야 합니다. 하나님이라고 해도 인간의 자유의지를 빼앗아 악을 저지르지 못하게 한다면, 인간은 자신의 자유를 잃어버리게 되는 것입니다. 온전한 자유의지가 아니니 책임을 질 필요도 없고 성숙과 성장의 기회도 필요하지 않게 될 것이고요.

한번 이런 상상을 해 봅시다. 그대가 나쁜 마음으로 직장 상사의 자동차 타이어에 구멍을 냈는데 구멍이 난 순간 다시 구멍이 메꿔지는 세상 말이죠. 그대가 이웃집 부인을 보고 성적인 욕망을 느끼려고 하는 순간 신이 개입해서 그대의 뇌세포 전기신호를 끊어버리는 바람에 아무 생각도 못 하게 되는 세상 말이죠.

그러한 세상에서는 인간의 자유의지가 발현될 수도, 이 세상의 물리 법칙이 제대로 작동할 수 없습니다. 물론 기적이라는 것도 있겠죠. 하지만 기적이 일상이 될 순 없습니다.

바둑 게임만 생각하더라도, 공정하다고 한다면

일정한 법칙을 따라야 합니다. 종종 고수가 한 수 물러줄 순 있지만 그건 아주 가끔 있는 일이죠. 매번 상대방에게 수를 물러준다면 바둑 경기 자체가 성립되지 않습니다."[3]

사내의 말을 듣자니 한숨이 나왔다.

아직 늦가을임에도 겨울 같은 바람이 천막 안으로 스며들었고 으슬으슬 추워지기 시작했다. 집에 있는 오동나무 바둑판도 생각났다. 이 세상을 움직이는 물리, 화학, 생물학 법칙들이 게임의 규칙이고, 나는 인생이라는 오동나무 판때기에서 신과 바둑을 두고 있을지도 모른다는 엉뚱한 생각이 들었다. 그러다 한 가지 의문이 머리를 들고 일어섰다.

"루이스의 말이 타당하다고 해도… 그건 이론 아닌가요? 세상에는 너무 힘들어하는 사람들이 많습니다. 그들에게 선생님이 말해준대로, 하나님이 전능하다고 해도 이 세상을 그렇게 만들었기 때문에 뭐 어쩔 수가 없다고 말한다면 아무 도움이 되지 않을 겁니다."

"절대자가 창조한 이러한 무대 위에서 생겨난 불가피한 고통이라고 할지라도 하나님은 그것을 통해 인간에게 무엇인가를 가르치십니다."

"신이 우리를 사랑한다는… 뭐, 그런 말씀을 하려는 건가요?"

어릴 적 다녔던 교회에서 들었던 말이 갑자기 생각났다.

"고통을 통해 하나님은 인류에게 무엇인가가 잘못되었다는 것을 외치고 계십니다."

아른거리는 촛불에 반사된 사내의 얼굴에서 묘한 감정을 느꼈다.

"도대체 뭐가 잘못되었다는 거죠?"

사내는 팔짱을 낀 채 말없이 나를 쳐다보았다.

"루이스는 말하길, 고통은 귀먹은 세상을 불러 깨우는 하나님의 확성기라고 했습니다."

사내의 어투는 꽤 단호해 보였다.

"인류는 모두 귀가 먹은 사람들입니다. 자유의지와 자연법칙에 따르는 필연적인 고통과 악. 그것을 사용하여 하나님은 오늘도 인간들에게 외칩니다. 왜냐하면 인간들은 현실로 닥치지 않으면 실체를 외면하려고 하죠. 그래서 하나님은 고통이라는 우주의 부산물을 사용해 자신을 계시하십니다. 나도 내가 의인인 줄 알았습니다. 아마 나르시시즘과 자기만족에 빠져서 평생을 살았을 수도 있었죠. 그런데 어느 날 하나님이 소리치는 걸 들었습니다. 귀먹은 나를 불러 깨우는 그 확성기 소리 말입니다."

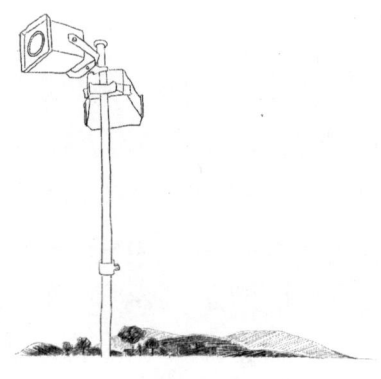

··· 나는 이런저런 핑계를 대고 천막에서 도망치듯 서둘러 나왔다.

하소연

잠시 나의 이야기를 들어 주길 바란다.

C.S 루이스와 같은 대석학도 천문학의 진보를 경험해 보지 못한 20세기 중반을 살았기에 우주를 텅 비었다고 서술했다. 현대 물리학 이론에 따르면 우리가 사는 이 우주는 68%의 암흑 에너지와 26%의 암흑 물질로 채워져 있으며 지구, 토성, 태양, 다른 은하의 이름 모를 행성들, 우주 먼지와 같은 일반 물질이 차지하는 비중은 5%밖에 되지 않는다. 암흑이라고 한 것은 관측 결과가 어둡다는 의미가 아니고, 인간들은 그 실체를 잘 모른다

는 의미에서 그냥 '암흑'이라고 명명한 것이다.

　우리가 살고 있는 우주에는 다양한 법칙들이 있다. 사과를 던지면 사과가 땅에 떨어지고 양극 자석을 갖다 대면 음극 자석이 붙는다. 물리학자들은 우주에 공통으로 적용되는 법칙들을 찾았는데 그것을 우주상수라고 부른다. 예를 들면 이런 것이다. 중력과 전자기력의 에너지 차이는 10^{36}이다. 그런데 그 차이가 10^{35}이거나 10^{37}이면 별이 형성되지 못하거나 우주가 붕괴한다. 또, 핵력상수라는 것도 있다. 수소가 헬륨으로 핵융합할 때 효율은 0.007이다. 이 수치가 0.008 이상만 되면 수소 이외의 원자가 만들어질 수 없다.

　그리고 은하 간 작용하는 중력에너지와 질량 사이의 비율은 10^{-5}이다. 이 값이 조금만 변해도 별이 생성되지 않는다. 우주 초기의 암흑에너지 값이 조금만 달라졌어도 우주는 생성될 수 없다. 임계밀도에 도달해서 블랙홀이 되는 한계점은 전자기력과 핵력의 영향을 받는다. 이 값이 1%만 변해도 우주에 별이 존재할 수 없다. 탄소 원자의 에너지는 7.656MeV이다. 만약 7.3보다 낮거나 7.9보다 높으면 탄소 기반 생명체는 존재할 수 없다.[4]

이런 상수는 아주 많다. 이를 종합하면 우주가 안정적으로 존재할 수 있는 확률을 노벨 물리학상 수상자인 스티븐 와인버그(Steven Weinberg)는 $1/10^{56}$에서 $1/10^{120}$이라고 계산했다.[5] 이 숫자가 감이 안 온다면 지구상의 모래 알갱이가 대략 10^{20}개라는 것을 기억하자. 그리고 10^{40}은 10^{20}의 2배가 아니라 10^{20}배이다. 이 값은 우주에서 원자 하나를 찾아내는 확률이며 수학적으로 0이다. 한마디로 불가능하다는 말이다.

그래서 리차드 도킨스와 같은 몇몇 학자들은 다중 우주론을 제시했다. 우주가 하나가 아니라 수없이 많다는 것이다. 대부분의 우주는 우주상수가 엉망이라서 생명체는커녕 물질이란 것이 존재할 수 없다. 그런데 우리가 살고 있는 우주는 모든 법칙이 딱 맞아떨어져서 대략 $1/10^{120}$의 확률을 뚫고 존재하고 있다. 어떤 광신도들은 이 모든 것을 신이 미세 조정하여 만들었다고 한다. 뭐, 그들의 말이 터무니없는 것은 아니다. 불가지론자인 나는 이래도 그만 저래도 그만이긴 하지만.

　사회 초년생 시절, 내가 다닌 회사에서는 직원들의 문화생활을 위해 이벤트를 진행했었다. 강연, 클래식 콘서트, 뮤지컬 중의 하나를 선택해서 분기마다 한 번씩 감상하고 감상문을 제출해야 했다. 모든 비용은 법인카드로 결제하였기에 대부분의 직원은 이때다! 싶어 유명한 배우가 출연하는 뮤지컬들을 예매했다.

　그런데 나는 태생 자체가 음악, 감동적인 스토리 이런 것들과 상극이라 나와 비슷한 성향을 지닌 동기 박 과장과 카오스재단에서 주최하는 과학 강연을 들으러 갔었다. 물론 강연장이 나의 직장이 있는 강남 테헤란로에 있었기에 가깝다는 게 좋았다.

　그때 내 기억으로는 최재천 박사가 '생명의 기원'을 주제로 강연을 했다. 그는 과학계는 물론이고 대중들에게 잘 알려진 인물이고 하버드에서 생물학으로 박사까지 받았기에 한 번쯤은 그의 강연이 듣고 싶기도 했었다. 다른 사람은 몰라도 난 그의 말 한마디 한마디에 온 정신을 집중하고 감탄하며 들었다. 그리고 그의 강연 중 인상 깊은 대목이 있어 몇 자 적어 두었다. 어찌 보면 생명의 기원에 관한 그의 강연의 결론이었다.

"지구에 어떻게 해서 지금 우리와 같은 존재가 탄생할 수 있었을까, 생명이라는 게 탄생할 수 있었을까 하는 것을 확률적으로 한번 계산해 보면 거의 있을 수 없는 일이 일어난 겁니다. 도대체 그 많은 우연의 우연이 겹쳐서 생명이 탄생한 겁니다. 그러니까 확률적으로 볼 때 말도 안 되는 일이 벌어진 겁니다."[6]

강연장 앞 스크린에는 커다란 화살표와 그림이 몇 개 있었다. 화살표 맨 왼쪽에는 주사위 두 개와 0%, 가운데에는 동전 한 개와 50%, 맨 오른쪽에는 떠오르는 해와 100%. 동전을 던지면 앞면이 나오든 뒷면이 나온다. 확률은 50%. 태양계가 멸망하지 않는다는 가정하에 내일 아침 해가 뜰 확률은 100%. 주사위 두 개를 던졌을 때 숫자가 14가 나올 확률은 0%. 최 박사는 지구에 생명체가 존재하게 될 확률을 설명하며 주사위 쪽에 포인터를 던졌다.

강연을 듣고 집에 오는데 암흑에너지, 우주상수 이야기와 오늘 들었던 생명의 탄생 확률 이야기가 마음에서 오버랩되어 떠올랐다. 너무나 진부하고 진부한 워딩이지만 생명은 경이롭다를 외치며 잠깐 눈물을 글썽였다. 이 경이로운 생명, 경이로운 인생, 후회하지 않고 살으리!

내가 이 이야기를 꺼내는 건 공교롭게도 지금 나의 문제와 연관되기 때문이다.

크론병의 병세가 날이 갈수록 악화되었다. 대장을 절제해야 할지도 모른다는 의사의 말에 유리 멘탈인 나는 불안해졌고 잠도 자지 못하고 있었다. 게다가 무급 휴직으로 수입이 없는 상황이었다. 물류센터 야간 알바를 다니기 시작한 아내의 급여는 생활비로 쓰기에도 부족했다. 아이들은 내 말을 무시하는 것 같았고 사춘기니까 이해하라는 아내의 말에 나도 모르게 눈물이 나왔다. 세상 찌질하고 무능력한 인간이 된 것만 같았다.

동기 박 과장과 통화를 했다. 회사 분위기가 좋지 않다고 했다. 경기침체로 관광객도 줄어들고 객실 점유율이 많이 낮아졌다고 했다. 그리고 곧 희망퇴직을 받는다고 했다.

"그러면 바로 복직은 힘들겠네."

나의 푸념에 박 과장은 아무 말이 없었다. 어쩌면 박 과장은 복직은커녕 네 자리도 없어질 수도 있다는 말을 참고 있는지 모른다. 통화를 마치고 오십이 되기 전에 퇴직한 선배들 얼굴을 떠올렸다. 보험영업, 프랜차이즈 치킨집 창업, 여행사 관리직. 다양한 일을 하며 새로운 삶에 밀착하여 살아가고 있었다. 그 모습마저 나는 부러웠다. '그래. 몸뚱이만 멀쩡하면 어떻게든 살아 나갈 수 있지. 몸뚱이만 멀쩡하면….'

"죽는 병은 아니잖아."

박 과장은 위로한답시고 나를 달래주려고 했지만 그의 말에 텁텁한 웃음만 나왔다.

"그래. 죽지는 않지."

어느 밤이었다. 창밖에 개는 짖고 먼지 쌓인 서큘레이터는 고철 소리를 내며 돌아가고 있었다. 아내는 야간 알바를 나가고 나는 돌침대에 누워있었다. 아픈 배를 손으로 살살 문지르며, 호흡곤란, 아니 과호흡이 올 듯 말 듯 하는 것을 겨우 신경안정제 2알로 진정시키고 있었다. 대출금 이자 연체에 대한 독촉 메시지를 확인하고, 동기 박 과장이 부 총지배인으로 승진했다는 소식을 알려오는 그의 인스타그램과 큰딸이 어느 문신남과 전라 차림의 수영복을 입고 파라솔 밑에 누워있는 카톡 프로필 사진을 보며 문득 생각이 났다.

우주상수.

기가 막힌 생명의 신비.

$1/10^{120}$의 확률을 뚫고 안정적으로 유지되고 있는 이 경이로운 우주에서 이 말도 안 되는 우연의 일치로 생명체가 나타났다. 이 모든 기적으로 인해 겨우 탄생한 그야말로 신비한 존재인 '나'라는 존재는 어느 날 밤 식은땀을 흘리며 병든 똥개처럼 낑낑대고 있다.

나는 그 생각에 웃었다. 밤새 웃었다. 창문 밖으로 보이는 검은 우주를 바라보며 웃음보를 터뜨렸다. 작은딸이 방문을 열고 아빠가 드디어 실성했나 확인하듯이 한 번 쳐다보았으나 아랑곳하지 않고 밤새 웃었다. 그렇게 실성한 듯 한참 웃다 보니 며칠 전 만났던 자칭 욥이라 하는 사내가 생각났다. 나는 침대를 박차고 문화공원으로 향했다.

하소연

평온도 없고 안일도 없고 휴식도 없고
다만 불안만이 있구나

욥기 3장 26절

감정은 무시해야 할 때가 있다

"그대가 다시 찾아올 줄 알았습니다."

"지난번에 사례비도 안 드리고 도망 나온 것 같아서요. 그런데 이 늦은 시간까지 영업하세요?"

나는 지갑을 꺼냈다.

"돈은 받지 않습니다. 앉으시죠."

"아뇨. 저는 바로 가야 합니다."

사내는 턱을 괴고 흠, 하고 한숨 소리를 내었다.

"확성기 소리는 들으셨나요?"

사내의 느닷없는 질문에 대답할 말을 못 찾은 채 엉거주춤 서 있었다.

"몸 좀 녹이고 가시죠."

사내는 전기난로의 온도조절 다이얼을 돌렸다. 난로를 만지던 사내의 손에는 많은 상처 자국, 피부병을 심하게 앓았던 흔적들이 보였다.

내가 물었다.

"확성기 소리를 들으면 인생이 바뀐답니까?"

"아니요."

"지난번에 인생을 바꾸는… 문장이라고 알려주지 않으셨나요?"

사내는 호탕하게 웃었다.

"확성기 소리를 듣는 것은 인생이 바뀌기 위한 전제조건입니다."

"그런데 인생을 바꾸는 것이 말처럼 쉽나요?"

"노남씨 생각이 맞습니다. 쉽지 않습니다. 인생이라뇨. 오늘 하루를 바꾸는 것도 너무나 힘이 드는데요."

"제가 이름을 말씀드렸었나요? 저를 아는 분인가요?"

사내는 지난번과 마찬가지로 커피 봉지의 끝을 잡고 커피 원두만 종이컵에 부어 넣었다.

"인생을 바꾸기는커녕 오늘 하루 지금 이 시간을 바꾸는 것도 힘이 드는 게 사실입니다. 그런데 성경을 보면, 예수가 매달렸던 십자가 옆의 강도가 예수의 한 문장을 듣고 구원을 받았으며(눅

23:43) 성전 앞에서 구걸하던 장애인이 베드로의 한 문장으로 치유함을 받았습니다(행3:6).

성 어거스틴(Aurelius Augustinus)은 어린아이들의 노랫소리 한 문장을 들은 것이 회심의 계기가 되었고, 스펄전 목사는 무명 설교자의 한 문장을 통해 목회자의 길에 들어섰습니다. 인생을 바꾸기가 어렵다고는 하지만 전혀 불가능한 건 아닙니다. 충분히 가능한 일입니다.

그런 의미에서 제 이야기를 듣고 가실까요?"

"이야기를 하려면 나의 친구 스캇 펙(Morgan Scott Peck) 박사 이야기를 하지 않을 수가 없겠네요."

"선생님은 친구도 참 많으십니다."

나는 어쩌다 보니 사내가 건넨 커피를 받아 들고 의자에 앉았다.

"그는 미국의 정신과 의사이자 작가였죠. 1,000만 부 이상 판매된 <아직도 가야 할 길>로 가장 잘 알려져 있고요. 스캇 펙 박사는 뉴욕에서 태어나 하버드대학교 의과대학을 졸업했습니다. 육군 의무단에서 복무한 후 정신과 분야에서 개인 진료를 하며 집필을 했는데 그의 책은 심리학, 종교, 비즈니스 등 다양한 분야에 영향을 미쳤습니다."

사내의 특기가 또 나왔다. 한 명의 인물을 알려 주기 전, 그의 프로필을 설명하는 건 그의 주특기였다.

"스캇 펙에 따르면 사랑은 자신이나 다른 사람의 영적 성장을 촉진할 목적으로 자신을 확장하려는 의지라고 했습니다. 사랑에 대한 스캇 펙 박사의 정의는 사랑을 강렬한 열정이나 애정의 느낌으로 보는 전통적인 정의와 달랐습니다. 그는 결혼생활 또한 사랑의 감정보다 상대방을 우선시하는 의지가 중요하다고 하였습니다."

"그래도 감정이 있어야 사랑이란 것을 할 것 아닙니까?"

"감정이란 것을 믿으시나요?"

"인간을 인간답게 해 주는 것이 감정 아닙니까? 특히 부부 사이라면 서로를 사랑하는 그 감정이 중요하다고 생각하는데요."

잠시 아내의 얼굴이 스쳐 지나갔다. 아마 지금쯤 일을 끝내고 집에 돌아올 시간이다.

"그대의 말이 맞습니다. 인간을 인간답게 하는 것이 바로 사랑이라는 감정이죠. 그런데 그러한 감정은 동물에게도 발견됩니다. 개는 주인에게 애정을 표현하기 위해 꼬리를 흔들고, 얼굴을 비비고, 핥죠. 원숭이는 서로를 껴안고, 포옹하고, 뽀뽀하는 등의 행동을 통해 애정을 표현하고요. 고래는 서로를 돌보고, 보호하며, 함께 생활합니다. 코끼리는 서로를 핥고, 쓰다듬고, 머리를 맞대는 등의 행동을 통해 애정을 표현하죠. 그러므로 나는 이렇게 생각합니다. 동물을 동물답게 해주는 것은 사랑이라는 감정이라고. 인간에게는 사랑이라는 감정에 더하여 의지라는 것이 있습니다.

진정한 사랑에는 의지가 필요합니다. 그 의지란 자신의 감정과 상관없이 자신의 필요보다 다른 사람의 필요를 먼저 선택하는 행동입니다. 누군가가 당신을 사랑하지 않을 때도 그 누군가를 사랑하는 선택이죠. 그리고 내가 누군가에게 사랑의 감정이 들지 않더라도 그 감정과 상관없이 그의 성장을 위해 나보다 그를 우선시하는 행동입니다."

바람이 잦아드나 했더니 이제는 강풍이 천막에 들이닥친다. 바람 소리에 사내가 목소리의 톤을 높였다.

"그대가 당신의 아내를, 당신의 자녀를 사랑한다고 할 때 그들을 얼마나 많이 생각하고 애틋하게 생각하는지가 중요한 것이 아닙니다. 그대가 그들을 위해 어떻게 행동하는지가 중요하죠. 사랑은 행동하는 만큼 사랑하는 것입니다."

며칠 전 아내와 한바탕 했던 일이 생각났다. 아내와 톡탁거리며 싸우는 일이 잦았다. 결혼한 지 꽤 시간이 지났으니 우리의 사랑이 식었다고 생각했다.

'그래, 어쩔 수 없지, 사랑이란 그런 거니까.'

사내는 고개를 돌려 내 모습을 물끄러미 보고

있었다.

"부부의 사랑이란 식을 수 없죠. 왜냐면 세월이 흐르면서 감정은 희미해져 갈지라도 의지는 더욱 견고해질 수 있기 때문입니다."

사내에게 내 마음을 들킨 것 같아 속으로 뜨끔했다. 촛불은 유독 밝았고 차가운 바람에 오싹 소름이 돋았다. 나는 헛기침을 몇 번 하고 사내에게 물었다.

"그러면 연인이나 부부에게 있어서 사랑이라는 감정은 왜 있는 것입니까?"

"어떻게 보면 감정으로서 사랑은 호르몬의 작용일 수 있죠. 옥시토신은 포옹, 키스, 섹스 등의 유대감을 느낄 때 분비되는 호르몬입니다. 이 호르몬은 사랑, 애착, 신뢰의 감정을 촉진하는 역할을 합니다. 바소프레신은 유대감을 형성하는 동안 분비되는 호르몬이고요. 충성심과 헌신을 증진하는 역할을 하기도 합니다. 테스토스테론은 남성에서 생성되는 호르몬인데 성적 욕망을 촉진하는 역할을 하죠. 에스트로겐은 여성에게서 생성되는 호르몬인데 애착과 유대감을 증진하는 역할을 하죠. 그렇다면 왜 하나님은 인간들에게 이러한 시스템의 몸을 주셨는가? 스캇 펙 박사는 그의 책에서 이렇게 설명합니다. 내가 한 번 읽어드리지요."

사내는 테이블 위에 있던 낡은 다이어리를 폈다. 날 위해 읽어주려고 미리 준비한 것처럼 그는 낙엽 모양의 책갈피로 구분해 두었던 페이지를 열어 읽기 시작했다.

"사랑에 빠지는 것은 짝을 구하려는 성적 본능 때문이다. 다시 말해 이것은 짝짓기를 통해 아이를 낳고 종족의 보존을 이어가려는 것이다. 유전자가 정신을 속이는 하나의 속임수로써 결국은 결혼이라는 덫에 걸리게 만든다. 그리고 이렇게 사랑에 빠져 결혼에까지 이르는 까닭은 아마도 그 경험이 영원히 지속될 것이라는 환상 때문일 것이다.

그리고 이 환상은 사랑이란 낭만적인 것이라는 신화로 정착되어 있는데 우리가 좋아하는 동화 속에서 왕자와 공주가 화합하여 영원히 행복하게 산다는 줄거리로 되어 있다. 낭만적인 사랑의 신화가 우리에게 실제로 이야기해 주는 것은 이 세상에 있는 모든 젊은이에게는 그에게 알맞은 짝이 있다는 것이다.

그러나 세월이 흘러가면 우리는 만족하지 못하거니와 서로 원하는 것을 채워주지 못하고 알력이 생기며 사랑이라는 마력에서 빠져나오려고 애쓰게 된다. 그리고 운명의 별을 잘못짚어 저지른 것이라고 한탄한다. 우리가 생각했던 것은 참되고 진실한 사랑이 아니었으며 이 형편을 수습할 만한 아무런 대책도 없다는 걸 알게 된다. 이런 상황에서 할 수 있는 일이란 불행하게 살든지 이혼하는 것이 전부일 것일 것이다."[7]

긴 문장을 다 읽은 후 사내는 잠시 생각에 잠긴 듯 말이 없었다.

나는 사내의 침묵을 깨고 무겁게 입을 열었다.

"그렇다면 사랑을 느끼는 감정은 결혼해서 종족을 보존하려는 유전자와 호르몬의 속임수다? 결혼한다는 것은 신이 파놓은 함정에 걸린 것이다?"

사내는 무슨 생각을 했는지 낄낄거리며 웃기 시작했다.

"나도 그 함정에 빠져 큰마음 고생을 하긴 했지요. 나의 아내는 좋은 사람이었지만 심한 말을 아무렇지 않게 내뱉기도 했습니다. 내가 심신이 피폐해져서 골방에 누워있는데 그녀는 내게 와서 말하더군요. 당신이 그렇게 좋아하는 하나님이나 욕하고 죽어 버려!(욥2:9)"

사내는 뭐가 그리 재미있는지 또 웃어댔다.

테이블 옆 난로가 벌겋게 달아오르며 몸이 노곤하게 풀리는 듯했다.

"그래도 그렇지요. 사랑이라는 애틋한 감정 없이 어떻게 의지로만 부부 관계를 유지할 수 있습니까?"

나는 사내에게 반문했다.

"스캇 펙 박사는 사랑에 빠지는 것은 일시적인 광기라고 하더군요. 마치 사랑에 빠지면 자신의 삶은 상대방의 존재를 통해서만 의미와 목적이 있는 것처럼 몰입하게 되고 과장하게 되는 그런 경험이요. 그래서 그 느낌이 너무 강렬하고 벗어날 수 없을 만큼 사로잡기 때문에 사랑하면 이성적인 판단이 어려워져 충동적인 행동을 하기도 합니다. 하지만 사랑에 빠진다는 것은 우리 자신과 사랑의 본질에 대해 가르쳐 줄 수 있으므로 귀중한 경험이 됩니다. 다만 사랑에 빠질 때 그 한계를 인지하고 그것을 진정한 사랑으로 착각하지 않는 게 중요하다는 거겠죠."

천막 밖에서 시끄럽게 떠들던 사람들이 다 어디

론가 가버렸는지 천막 밖은 다시 조용해졌다. 사내의 말이 무겁게 나의 두 어깨를 짓눌렀다. 복부의 통증이 묵직하게 내 신경에 전달되면서 머리도 지끈 쑤셔 왔다.

사내는 말했다.

"어떠한 가치를 강조하려다 보면 그 가치와 반대되는 개념을 강조할 수밖에 없다고 생각합니다. 스캇 펙 박사가 감정의 부정적인 부분만 강조했다고 생각하지 마세요. 그는 정신과 의사로서 평생 많은 사람을 상담했습니다. 그는 깨달았던 것이죠. 너무나 많은 사람이 감정에 사로잡혀 있다는 것을요. 특히 부부는 사랑이라는 감정에 목을 매고 있습니다.

그런데 다른 감정도 마찬가지입니다. 내가 폭풍 속에서 하나님을 대면했을 때 그분은 내게 대장부처럼 허리를 묶으라고 하셨죠(욥38:3). 두려움과 절망에 빠진 사람에게 대장부가 되라고 한 것은 하나님께서 날 놀리려고 말씀하신 것이겠습니까? 난 이렇게 생각합니다.

'나의 지금 감정을 무시하라!'

 대신 나의 의지를 사용하여 용기를 내는 사람이 돼라. 대장부가 돼라. 그대도 이런저런 일로, 쓰디쓴 부정적인 감정들로 그대의 일상이 마비되고 있다면…. 이것을 명심하십시오. 감정은 종종 무시해야 할 때가 있다. 이것이 인생을 바꿀 네 번째 문장입니다."

근심과 불안 속에서 기쁨을 발견하라

그런 게 있다. 마음이 허할 때는 시가 다가온다는 것. 머릿속에 온갖 번민이 가득할 때는 장문의 글이 읽히지 않는다. 서점에 들렀을 때 이 책 저 책 지문만 남기다가 우연히 러시아의 시인 프슈킨(Alexandr Pushkin)의 <비가>라는 시를 읽은 적이 있다.

지나간 날들은 숙취와도 같이
슬픔으로 내 영혼을 무겁게 누른다

내 인생은 고단하고
미래는 파도치는 바다같이 비관적이다

그러나, 나는 살고 싶다
나는 죽고 싶지 않다

살아서,
생각하고 괴로워하고 싶다

그리하여, 근심과 불안속에
기쁨이 있음을 알고 싶다

사내와 대화하면서 문득 이 시가 생각났다. 사내가 혹시 프슈킨의 환영이 아닐까 엉뚱한 생각을 했다.

"지금까지 말했던 나의 친구들과 달리 좀 신선한 인물을 소개하고자 합니다."

"신선한 인물이요?"

"애나 렘키(Anna Lembke)와 볼프람 슐츠(Wolfram Schltz) 두 사람이죠. 현직 대학교수이자 정신의학계의 권위자들입니다."

"옛날 사람 이야기만 듣다가 요즘 사람들 이름을 들으니 신선하네요."

사내는 턱을 괴고 잠시 생각에 잠겼다.

"애나 렘키 박사는 미국의 정신과 의사이자 작가죠. 그녀는 현재 스탠퍼드 의과대학 중독의학 교수 겸 의료 디렉터로 재직하고 있습니다. 볼프람 슐츠 박사는 독일의 신경과학자이자 뇌과학자이고요. 그는 케임브리지대학교의 교수이며, 뇌의 보상 체계에 대한 연구로 유명합니다."

"선생님은 꼭 덕후 같습니다. 영향력 있는 사람들을 쫓아다니는…."

"더 쿡? 요리사요?"

"그게 아니라."

난로 위 주전자 주둥이에서 나오는 수증기가 천막 안을 안개처럼 채웠다. 사내의 정체도 이 안개처럼 묘연하게만 느껴진다.

"애나 렘키 박사나 볼프람 슐츠 박사 모두 도파민(dopamine)의 권위자들이죠."

"저도 도파민이라면 어느 정도 알고 있습니다. 그게 부족하면 파킨슨병이 생긴다나, 맞나요?"

"네. 도파민은 뇌에서 분비되는 신경전달물질입니다. 보상, 동기부여, 주의력, 운동, 학습, 기억, 의사결정 등 다양한 뇌 기능에 관여합니다. 이 중에서 가장 중요한 건 도파민이 뇌의 보상 체계에 관여한다는 겁니다. 보상 체계는 우리가 쾌감을 느끼는 것과 관련된 뇌 영역이죠. 우리가 맛있는 음식을 먹거나, 칭찬을 받거나 목표를 달성하면 뇌에서 도파민이 분비됩니다. 도파민은 우리가 이러한 행동을 다시 반복하도록 동기를 부여합니다."

"그렇다면 인간이 생명을 유지하고 종족을 계승하게 되는 건 도파민의 공로일 수도 있겠네요. 식욕과 성욕도 쾌락이고 도파민이 쾌락에 관여하니까 말입니다."

"그렇죠. 잘 이해하고 있네요. 역시 그대는 나의 제자답습니다."

"제자요?"

"난 그대의 인생 선생이니까요. 어쨌든 도파민이 부족하거나 없다면 인간은 어떻게 되겠습니까? 도파민이 '보상'에 관여한다고 했습니다. 그런데 보상 체계가 망가진다면 인간은 기쁨, 만족, 즐거움과 같은 긍정적인 감정을 느끼지 못하고 동기부여도 사라지고, 일상적인 활동에 관심을 잃을 것입니다."

"즐겁고 활력있는 삶을 위해서 꼭 필요한 호르몬 같군요."

사내의 말을 듣고 보니 나는 지금 도파민이 부족한 상황인 것 같다. 매사에 의욕이 없은 지 오래고 즐거움도 잊어버린 것 같다.

"도파민 주사 같은 것도 있나요? 도파민을 왕창 맞고 싶습니다."

사내는 미소를 지었다.

"애나 렘키 교수는 쾌락과 고통에 관한 통찰력 있는 글을 썼습니다. 내가 살던 시대에는 이런 지식이 없었죠. 쾌락을 신의 선물, 고통을 악마의 저주, 또는 신의 형벌이라고 생각했을 뿐입니다. 애나 렘키의 주장을 잘 들어보시죠."

주전자에서 나오는 안개가 엷어지면서 사내의 얼굴이 좀 더 뚜렷이 보이는 것 같았다. 언뜻언뜻 깊은 주름살이 보였다.

"애나 렘키는 저울 이야기로 도파민과 고통의 상호 작용을 설명했습니다. 그녀는 쾌락과 고통은 저울의 서로 맞은편에 놓인 추와 같다고 설명했습니다. 우리가 쾌락을 경험할 때 도파민이 뇌에 분비되어 저울이 쾌락 쪽으로 기울어집니다. 저울이 더 많이, 더 빨리 기울어질수록, 우리는 더 많은 쾌락을 느끼지요.

그런데 저울에는 중요한 속성이 하나 있습니다. 저울은 수평 상태를 유지하려고 한다는 것입니다. 그래서 저울이 쾌락 쪽으로 기울어질 때마다 저울을 다시 수평 상태로 돌리려는 강력한 자기 조정 메커니즘이 작동하게 됩니다. 이러한 자기 조정 메커니즘은 인간의 의지와 무관합니다. 그저 반사 작용처럼 균형을 잡으려 하는 것이죠.

그래서 쾌락을 추구할수록 고통 또한 더 커지는 겁니다. 우리가 쾌락을 과도하게 추구하면, 저울은 쾌락 쪽으로 너무 많이 기울어집니다. 이에 따라 쾌락을 느끼기 위한 기준점이 높아지는 것이죠. 예를 들어 우리가 도박을 자주 한다고 하면 처음에는 적은 금액으로 도박해도 큰 흥분을 느끼죠. 하지만 시간이 지나면서 더 많은 돈을 걸어야 비슷한 흥분을 느낄 수 있게 될 것입니다."

"그렇다면 이러한 메커니즘으로 보면… 과도한 쾌락이 고통으로 이어진다. 이 말씀인가요?"

사내는 책상을 두드리며 "빙고!"라고 나지막하게 말했다.

사내가 저울 이야기를 하니 아이들이 어렸을 때 자주 갔던 동네 놀이터 시소가 떠올랐다. 첫째 아이와 둘째 아이가 번갈아 오르락내리락한다. 내가 둘째 아이가 앉은 시소 의자에 턱 걸쳐 앉자 맞은편에 앉아있던 첫째가 공중으로 붕 떠올랐다.

"그대가 정답을 말했습니다. 과도한 쾌락, 그러니까 과도한 도파민의 보상을 받으면 고통으로 이어집니다. 인간은 작은 쾌락으로 만족하지 못하고 더 큰 쾌락을 추구하게 된다는 거죠. 중독은 그렇게 진행됩니다. 마치 마약중독자처럼요."

"그러면… 아까 저울 이야기하신 것처럼 균형을 맞추는 것이 중요하겠네요."

"그렇습니다. 애나 렘키에 따르면 도파민을 자극하는 요소를 제한해야 한다고 합니다. 스마트폰, 게임, SNS, 인스턴트 식품 등은 우리에게 끊임없이 자극을 제공하죠. 이러한 자극은 뇌의 보상 체계를 활성화해 도파민 분비를 증가시킵니다. 문제는 시도 때도 없이 도파민을 증가시킨다는 것입니다. 그래서 도파민을 건강한 방식으로 경험해야 합니다. 운동, 창의적 활동, 관계 형성 등은 도파민을 건강한 방식으로 경험하는 데 도움이 되죠. 이러한 활동들은 뇌의 보상 체계를 활성화하지만, 중독의 위험성이 낮고 고통을 주지 않습니다."

나는 저울 이야기를 떠올렸다. 쾌락으로 계속 기울어져 있으면 그것이 고통으로 이어진다.

"선생님, 그렇다면 저울을 반대로, 고통 쪽으로

기울이면 어떻습니까? 저울을 고통 쪽으로 누르면 쾌락이 따라올 수도 있나요? 그러니까 쾌락을 위해 고통을 선택한다는 것도 가능하지 않겠습니까?"

"어떤 면에서는 가능합니다. 하지만 오해 없길 바랍니다. 그것이 마조히스트(masochist, 육체 또는 정식적으로 학대나 고통을 받는 것을 즐기는 사람)가 되라는 의미가 아닙니다."

"그러니깐요. 쾌락과 마찬가지로 고통에도 좋은 고통이 있을 수 있단 거 아닌가요?"

"모든 고통이 좋다는 의미가 아닙니다. 세상만사 그렇게 단순하게 생각할 순 없지요. 하지만 대가들을 통해 힌트를 얻을 수 있습니다. 볼프람 슐츠 박사는 고통은 새로운 것을 배우고 탐험하도록 동기부여를 하고 쾌락을 더 풍부하게 만든다고 하였습니다. 이는 고통을 통해 얻은 성숙한 쾌락을 통해 더욱 깊고 풍부한 쾌락을 경험할 수 있기 때문이죠."

"볼프람 슐츠 박사라는 분도 애나 렘키 교수와 비슷한 이야기를 하는 것 같은데요?"

"그렇습니다. 슐츠 박사는 이러한 고통의 유익을 '성숙한 쾌락'이라고 했습니다. 단순한 쾌락을 넘어 고통을 통해 성장하고 성숙해질 수 있는 쾌락이기 때문입니다. 이는 일상에서 흔히 볼 수 있죠. 금식이라는 배고픔의 고통을 통해 오토파지(autophagy)가 활성화되는 것처럼 말이에요."

"오토파지가 뭡니까?"

"금식과 오토파지는 밀접한 관계가 있죠. 일정 기간 음식을 섭취하지 않으면 이때 세포는 에너지를 얻기 위해 저장된 영양분을 분해하기 시작합니다. 이 과정에서 오토파지가 활성화되며 손상된 세포를 제거하고 새로운 세포를 생성하는데요. 이건 2016년 노벨 의학상을 받은 검증된 이론입니다.

호르메시스(hormesis)라는 개념도 있죠. 호르메시스는 미량의 독성물질이나 스트레스가 생명체에 유익한 효과를 주는 현상을 말하죠. 이 현상이 나타나는 원인은 유기체의 방어와 재생 메커니즘으로 설명할 수 있습니다. 외부로부터 미량의 독성물질 또는 스트레스가 유입되면 생물체는 재생 메커니즘이 작동하기 시작하는데 이 과정에서 독성물질로 받은 손상뿐 아니라 그동안 축적된 다른 손상까지 치유해 준다는 것이죠.

이러한 원리가 육체의 유익에만 한정되겠습니까? 우리 영혼의 오토파지, 우리 정신의 호르메시스가 존재하지 않겠습니까?"

길가에서 청소원들이 쓰레기 봉지를 청소차에 던지는 소리가 들려온다. 어떤 취객들이 실랑이를 벌이는지 시끄러운 소리가 들리고, 요란하게 경적을 울리며 자동차가 지나간다.

"애나 렘키와 볼프람 슐츠는 최신 의학지식으로 고통의 실체를 밝혀왔습니다. 예수는 애통하는 자는 복이 있다고 하였죠(마5:4). 어떻게 애통과 복이 같은 것일까? 애나 렘키에 따르면 고통과 쾌락은 뇌의 같은 영역에서 처리된다고 합니다. 이 둘은 같은 저울에 있습니다. 그래서 쾌락이 깊어지면 고통은 늘어날 수밖에 없고, 고통이 깊어지면 다른 차원의 쾌락이 생기게 됩니다.

또한 볼프만 슐츠는 고통은 성숙한 쾌락을 불러일으킨다고 했습니다. 조심스럽긴 하지만, 어떤 의미에서 애통은 복입니다. 내가 하나님을 대면했을 때 그분은 푸르른 초원에서 따뜻한 햇살을 받으며 나타나신 것이 아니라 폭풍우 가운데 나타나셨습니다. 이것은 어쩌면 쾌락과 고통은 본질상 다르지 않다는 걸 말씀하신 것일지도 모릅니다."

"좀 받아들이기 힘든 얘기네요."

사내는 경적 소리가 요란한 길가를 내다보았다. 천막 틈 사이로 택시의 전조등이 들어와 사내의 깊이 패인 주름살을 비췄다.

"그 옛날 푸쉬킨이라는 시인이 있었죠. 그는 이 모든 것을 알았던 것 같습니다. 그래서 <비가>라는 시를 썼던 것 같고요. 이런 구절이 있는 것으로 기억합니다.

'그리하여 근심과 불안 속에 기쁨이 있음을 알고 싶다.'

그대도 푸쉬킨처럼 발견해야 합니다. 근심과 불안 속에 숨겨져 있는 기쁨을요. 이것이 인생을 바꿀 다섯 번째 문장입니다."

나의 의식이 현실을 창조한다

"그대는 죽고 싶은 적이 있었습니까?"

이것저것 생각할 것 없이 사내가 단도직입적으로 묻는 바람에 잠시 당황했다. 한 번도 생각한 적 없는 질문이었다. 상황이 내 뜻대로 되지 않아도 언젠가 괜찮아질 것이라고 막연하게나마 생각하고 있었다. 그 기대 때문에 하루하루를 살았는지도 모른다.

"선생님이 걱정하는 만큼 제가 그리 나약한 사람은 아닙니다."

"난 나약한 사람입니다."

사내의 코끝이 시큰해졌다.

"잠시 자랑 좀 하겠습니다. 난 재산이 많았죠. 어디 그뿐인가요? 자식도 많았는데, 요즘 말로 하면 다들 훈남, 훈녀들이었죠. 정말 남부러울 게 없는 사람이었어요. 그런데 어느 날 한순간에 모든 것을 잃었죠. 처음에는 자식처럼 기르던 가축들과 가족처럼 여기던 종들이 불한당 같은 스바 놈들한테 습격당했다는 소식을 들었습니다. 한가로이 풀을 뜯고 밭을 갈고 있었다던데, 그 온순한 녀석들을 빼앗고 종들을 모조리 죽였다는 거죠. 너무도 끔찍한 이야기를 들으니 입이 채 다물어지지 않더군요.

그런데 그 이야기가 다 끝나기도 전에 별안간 번개가 쳐서 양 떼와 목동들을 불태워 삼켜 버렸다는 참혹한 이야기를 다른 누군가가 전해 주더군요. 마치 앞다투어 재난 보고 대회라도 열린 듯,

이번에는 갈대아 놈들이 쳐들어와 가축들을 빼앗고 몰이꾼들을 죽였다는 소식이 들렸습니다. 어떻게 이런 일들이 약속이나 한 듯 하루아침에 연거푸 일어날 수 있는지. 정말 괴로운 하루였죠. 하지만 뒤에 들린 소식은. 아, 차마 말을 잇기도 어렵군요."

사내는 떨리는 손으로 물을 따른 다음 다급히 마셨다. 한참 숨을 고른 뒤에 들려온 목소리는 여전히 떨렸다.

"앞서 들은 소식이 무엇이었는지 기억도 안 날 만큼 충격적인 소식이었습니다. 금쪽같던 자식들을 하루아침에 전부 다 잃었죠. 우리 아이들이 큰애네 집에 모여 음식을 나누며 즐거운 시간을 보내고 있었는데, 갑자기 광야에서 세찬 바람이 휘몰아쳐 집이 무너졌다고 했습니다. 난 너무 끔찍해서 끝까지 다 듣지 못하고 귀를 막고 일어서고 말았습니다. 그래서일까요.

오늘같이 강한 바람이 부는 날이면 불어닥친

폭풍에 쓰러졌을 아들들 생각이 납니다. 세찬 바람에 날아가 버렸을 우리 딸들도 떠오릅니다. 이런 불행을 겪게 되자 나도 그대처럼 현실을 불평했죠. 아니, 불평할 힘조차 없어 그냥 자신을 저주했습니다. 지금 생각해 보니 하나님을 저주하고 싶은데, 차마 그럴 수는 없어 나 자신을 저주하고 만 것 같네요. 이 세상에 왜 내가 존재해서 이런 지옥을 겪게 되었는가! 내 존재 자체를 거부했죠."

사내는 팔짱을 끼고 시선을 바닥으로 향했다.

"정말이지 죽고 싶었습니다."

사내의 말이 끝나자 천막 사이로 찬 바람이 휙 불어 초가 흔들렸다. 흔들리는 촛불에 사내의 그림자가 흐느적거리며 슬픈 춤을 추는 것처럼 보였다.

"괜한 소리를 한 것 같군요. 푸념을 쏟아 내서 미안합니다."

사내는 분위기를 바꾸려는 듯, 두 뺨을 손으로 탁탁 두드렸다.

"아닙니다. 너무 리얼하게 말씀하셔서…."

나는 사내의 붉어진 눈시울을 보고 혼란스러웠다.

'이 사람 정체가 뭔가.'

사내는 한동안 말없이 물만 마셨다.

"제가 드릴 마지막 이야기를 해야겠네요. '나의 의식이 현실을 창조한다.' 이 문장이 그대의 인생을 바꿀 여섯 번째 문장입니다."

"무슨 의미죠?"

"그대는 슈뢰딩거의 고양이 이야기를 들어봤을 것입니다."

"슈레딩거의 고양이 이야기는… 정확히 기억이 안 납니다만, 양자역학, 맞나요?"

사내는 고개를 끄덕였다.

"양자역학을 설명하기 위해 고안했던 실험 아닌 가요?"

머릿속에 둥둥 떠다니는 개념들을 잡기 위해 애썼다. 정확하게 설명할 수는 없지만 어렴풋하게 생각이 났다.

"슈레딩거의 고양이 실험은 원래 양자역학에서 주장하는 물질의 이중성을 비판하기 위해 고안했던 사고 실험입니다. 사고 실험이란 실제로 한 실험이 아니라 이론을 도출하기 위해 상상 속으로 한 실험을 말합니다. 그런데 비판을 위해 실시했던 실험이 나중에는 양자역학을 이해하기 위한 도구로 쓰이게 되지요."

"물질의 이중성이요? 그리고 고양이 실험도 잘 모르겠습니다."

"실험은 간단합니다. 안이 보이지 않는 상자에 고양이가 들어 있고, 상자 안에는 방사성 원자도 들어 있죠. 방사성 원자는 50%의 확률로 붕괴하고, 50%의 확률로 붕괴하지 않습니다. 만약 방사성 원자가 붕괴하면 자동으로 망치가 움직이게끔 설계가 되어 있습니다. 망치가 움직이면, 독가스가 들어있는 병이 깨지면서 고양이가 죽게 됩니다."

"아, 이제 기억이 납니다. 그 실험, 과학 다큐에서 본 것 같습니다."

"그런데 상자를 열기 전까지는 방사성 원자가 붕괴했는지 모릅니다. 즉, 상자를 열기 전까지는 고양이가 살아 있는지 죽었는지 알 수 없는 거죠."

"단순한데요. 방사성 원자가 붕괴했으면 고양이가 죽고, 붕괴하지 않았다면 고양이는 살았겠죠."

사내는 미소를 지었다.

"양자역학의 불확정성 원리에 따르면 아주 작은 미시세계는 물질이 실재하는 것이 아니라 확률로 존재합니다. 여러 가지 가능한 상태로 존재하다가 관찰하거나 측정하면 그때 바로 그 물질의 상태가 정해지는 것이죠."

"무슨 소리인지 모르겠습니다."

"방금 말한 박스 안에 갇힌 고양이를 생각해 봅시다. 방사성 원자는 아주 작은 물질입니다. 양자역학의 적용을 받습니다. 그래서 방사성 원자의 상태는 '붕괴'와 '붕괴하지 않음'의 두 가지 상태가 동시에 존재합니다. 즉, 방사성 원자는 붕괴한 상태이면서 동시에 붕괴하지 않은 상태에 있다는 것이죠.

이러한 상태를 고양이에게 적용하면 고양이는 살아 있는 상태이면서 동시에 죽은 상태라고 할 수 있습니다. 쉽게 말하면 상자를 열어보고 '관찰' 또는 '인식'하기 전까지는 고양이는 살아있으면서 죽어있는 중첩의 상황이 되는 겁니다."

"상식적으로 이해가 되지 않는데요. 50%의 확률로 고양이가 살아있거나 죽었다? 즉, 둘 중 하나가 아닌, 고양이가 살아있으면서 죽어있는 상태 두 가지가 동시에 존재한다?"

"그렇습니다. 모든 물질과 에너지는 입자와 파동의 특성을 둘 다 가지고 있습니다. 아주 간단히 설명하자면 입자는 물방울과 같은 것입니다. 그래서 질량과 에너지가 같이 있죠. 반면, 파동은 음파, 전자파 같은 것으로 생각하면 됩니다. 질량은 없지만 에너지가 이동하죠. 아인슈타인은 파동인 줄 알았던 빛이 입자인 것을 증명했고, 드브로이는 입자인 줄 알았던 전자가 파동인 것을 증명했습니다. 결국 아인슈타인, 드브로이는 노벨 물리학상을 받게 되었고요.

양자역학의 핵심은 물질의 이중성입니다. 우주

에 존재하는 모든 물질은 입자와 파동 상태로 동시에 존재하지만, 관측되는 순간 한 가지 상태로 나타나는 것이죠."

"그런데 이 복잡한 이야기를 왜 하시는 겁니까? 제 코가 석 자입니다. 이런 과학 이야기에 신경 쓸 여유가 없습니다."

"양자역학을 제대로 이해하려면 수십 년이 걸릴지도, 아니 평생 이해 못 할지도 모릅니다. 하지만 우리는 이 과학에서 한가지 통찰을 얻을 수 있습니다."

"통찰이라니요?"

"양자역학은 현실이 우리가 생각하는 것만큼 단순하지 않으며 우리의 관찰이 사건의 결과에 영향을 미칠 수 있다는 것에 대해 말해주고 있거든요. 이것은 우주에 대한 우리의 이해에 큰 영향을 끼칩니다. 현실이 우리와 독립적으로 존재하는 객관적인 것이 아닐 수도 있다는 것입니다. 대신 현실은 우리와 현실과의 상호 작용을 통해 만들어질 수도 있습니다. 이는 우리가 현실을 형성하는데 적극적인 역할을 할 수 있다는 것을 의미합니다.

우리의 관찰과 측정은 사건의 결과에 영향을 미칩니다. 상식적으로는 어려운 논증이지만 양자 실험 결과가 이를 뒷받침해 주고 있습니다. 중요한 사실은 이것이죠. 현실이 우리의 관찰로 생성된다면, 의식은 현실을 형성하는데 중대한 역할을 할 수 있다는 것입니다."

나도 모르게 깊은 한숨을 내쉬었다. 사내는 머리가 무거운지 관자놀이를 두어 번 가볍게 눌렀다.

"그대 머리가 복잡해지나 보군요. 나도 이해합니다. 그대를 보니 블랙홀에 빨려 들어가는 너구리 같군요."

"예? 너, 너구리요?"

"우리가 보는 세상은 우리가 인식하는 방식에 따라 달라질 수 있습니다. 양자역학은 이러한 생각을 뒷받침하는 개념을 가지고 있습니다. 물질은 파동이 될 수도 있고 입자가 될 수도 있습니다. 이것은 우리가 일상에서 경험하는 것과는 다르죠. 하지만 양자역학은 이것이 우리가 세상을 인식하는 방식의 결과라고 말합니다."

"선생님, 객관적 실체는 없고 만물이 관찰로 이루어진 결과라고 하는 게 믿어지지 않는데요."

"아인슈타인도 바로 그 부분을 비판했죠. 그래서 그는 '달을 쳐다보지 않는다면 달은 존재하지 않는 것인가?'라는 유명한 말을 했습니다. 그리고 죽을 때까지 양자역학의 많은 부분을 인정하지 않았습니다. 그런데 생각해 보세요. 이 기괴한 이론을 현대의 과학자들은 받아들이고 있습니다."

아인슈타인의 말을 떠올려 보았다. 내가 있는 천막 위, 검은 하늘에 떠 있는 저 달이 나의 인식의 결과라는 말인가.

사내는 소리없이 나를 주시하더니 헛기침을 두어 번 하고 목소리를 가다듬었다.

"양자역학 이론을 숙고해 보면 우리는 이러한 질문을 할 수밖에 없습니다. 존 그리빈이라는 천문학자의 표현을 빌리자면, 인간이 우주를 인지할 수 있을 정도로 지성적이기 때문에 우주는 존재하는 것인가? 우주가 존재하기에 내가 존재하는 것인가, 내가 있기에 우주가 존재하는 것인가?"

"물리학에서 철학으로 순간 이동한 느낌인데요."

사내는 천막 밖 하늘을 쳐다보았다.

"고통도 마찬가지입니다. 그대가 겪는 고통이라 불리는 것이 크든 작든, 감내할 수 있던 아니던, 고통도 중첩되어 보입니다. 그래서 부정적인 동시에 긍정적인 것이기도 하죠. 그래서 고통을 바라보는 방식에 따라 현실로 다가온다고 할 수도 있습니다.

성경에 나오는 여러 텍스트들. 가나안 땅에 다녀온 정탐꾼의 이야기, 여리고성을 무너뜨린 이야기, 유대민족이 홍해를 건넌 이야기, 물맷돌 하나로 삼손을 죽인 다윗의 이야기를 생각해보세요. 혹자는 유치한 고대 설화라고 치부할 수도 있겠지만 이 이야기는 모두 믿음이라는 인간의 의식이 현실 세계에 영향을 끼쳤다고 말합니다."

나는 다시 한번 천막 틈으로 보이는 밤하늘을 쳐다보았다. 그믐달이 빛나고 있었다.

"제가 가장 힘든 고통의 마지막 순간에 하나님이 나타났다고 말씀드렸었죠. 그때 저는 '주께 대하여 귀로 듣기만 하였더니 이제는 눈으로 주를 뵈옵나이다'라고 고백했습니다(욥42:5). 귀로만 들었다는 것은 허망한 소문만 들었다는 말입니다. 하지만 드디어 내 눈으로 관찰하고 인식하고 지각했습니다. 이 세상의 창조자를 말이죠. 그제야 깨달았습니다. 창조자가 인간에게 의식을 주신 이유를 말이죠."

절대자의 위로

 바람은 점점 거세지고 세차게 불기 시작했다. 이 정도의 강풍이면 나도 사내도 날아가 버릴 것 같았다. 거리의 주정뱅이들은 강풍을 피해 돌아갔는지, 아니면 강풍의 소리가 그들의 목소리를 삼켜 버린 건지 구성진 노랫소리가 더 이상 들리지 않는다.

 사내는 김이 새어 나오는 주전자를 턱을 괸 채 멍하니 내려다보다가, 갑자기 무슨 생각이 스쳤는지 고개를 숙인 채 두 손으로 머리를 감싸 쥐었다. 머리를 감싸 쥐던 손은 어느새 귀로 내려가 세상의 모든 소리에 문을 닫으려는 듯 한껏 움켜쥐었다. 귀를 감아쥐어도 세찬 강풍 소리를 밀어낼 수 없자, 사내의 눈에서는 주체할 수 없는 눈물이 흘러내렸다.

흐르는 눈물을 닦아 내기에는 너무 쉴 새 없이 터졌던지 사내는 한참이나 눈을 움켜쥔 채로 있다. '저렇게 숙인 채로 사내는 속 시원히 우는 걸까. 사내는 정말 욥인가.' 이런 어리석고 터무니없는 생각으로 현기증이 났다. '정말 사내가 욥이라면… 사내가 들려주었듯이, 이런 세찬 바람 소리는 사내에게 트라우마로 남았겠지. 즐거운 잔치 중에 강풍으로 죽어간 자녀들이 그리워 이렇게 바람이 세차게 부는 날은 어쩌면 사내가 가장 견디기 힘들어하는 날일 수도. 차마 작별 인사도 남기지 못하고 강풍의 무게에 깔렸을 욥의 아들들. 차마 눈도 감겨 주지 못한 채 바람에 날아갔을 욥의 딸들. 그들이 다다른 곳은 어디였을까. 오늘 같은 거친 바람의 노래를 듣게 되는 날이면, 아비로써 미처 다 전하지 못한 사랑이 아름다운 자녀의 얼굴들과 함께 떠오르는 걸까.'

문득 반 고흐의 그림이 생각났다. '이제는 십 년도 훨씬 지났구나.' 첫딸을 출산하고 산후 우울증으로 힘들어하는 아내를 위해 그림을 보러 간 적이 있었다. 마침 반 고흐 특별전이 열렸는데, 그림을 전공했던 아내는 내게 반 고흐에 대해 이런저런 이야기를 들려주었다. 그가 그린 해바라기나 아몬드꽃 같은 작품들은 일상에서 하도 흔하게 봐 와서 그런지 그렇고 그런 인테리어 소품처럼 보였다.

하지만 자화상과 울고 있는 노인을 그린 작품만큼은 아직도 강렬하게 남아 있다. 특히 <울고 있는 노인>이라 제목 붙여진 그림은 작품전이 끝나고 나서도 긴 여운으로 남았었다. 그러고 보니 닮았다. 이 사내와 고흐의 작품 속 울고 있는 노인. '고흐가 그린 것은 욥이었을까?'

절대자의 위로

사내는 양복 깊숙이 넣어 둔 행거칩을 꺼내 안경을 벗고 눈물을 닦았다. 눈물 자국이 그대로 남은 채 전기난로를 바라보았다.

"이제는 제가 상담을 해드려야 할 것 같은데요."

나의 어쭙잖은 농담에 사내는 옅은 미소를 지었다. 그리고 헛기침을 두어 번 한 다음 말문을 열었다.

"내가 그 옛날 지옥 같은 불구덩이 속에 떨어졌을 땐 빨리 죽기만 바랐습니다. 내가 당하는 고통이 너무 심해서 차라리 죽기를 바랐던 것이죠. 다 잃었다는 상실감, 온몸에 생긴 종기를 피범벅이 되도록 긁는 고통, 절대자도 나를 버렸다는 절망감…. 차라리 잠이라도 자면 잠시나마 고통을 잊을 수 있었겠지요. 그런데 잠도 안 오더군요. 아니, 잠이 안 오는 것이 아니라 그분께서 나를 잘 수도 없게 하는 것 같았어요. 하나님께서 꿈으로 나를 놀라게 하시더니 이번에는 환상으로 저를 두렵게 하시더군요(욥7:14). 난 아마 최악의 불면증 환자일 것입니다. 잠 못 자는 게 얼마나 힘든 건지 아시나요?"

잠 못 자는 고통을 나는 안다. 크론병이 처음 발병한 이후로 알 수 없는 막막함에 늘 불안했다. 육체의 작은 가시가 온 정신을 오염시키는 듯했다. 정신과에서는 범불안장애라고 했다. 처음에는 수면제 한 알이면 듣던 것이 요즘에는 두 알 반 정도는 먹어야 겨우 잠에 들었다.

"하지만 그 와중에도 이런 의문이 들었죠. 내 삶에 찾아온 이 고난은 무엇인가, 왜 생겼는가, 왜 하나님은 이대로 보고만 있는가, 이런 의문 말이죠. 난 바닥에 주저앉아 계속 질문했어요. 하지만 엘리바스, 빌닷, 소발. 이 친구들은 내게 질문 하나 던지지 않고, 아니 내 하소연에 귀 한 번 기울이지 않고 모든 잘못을 내 탓이라 단정 짓더군요. 이렇게 된 원인이 무조건 나에게 있다는 것이죠."

"그래서 선생님은 해답을 찾으셨습니까?"

나는 마치 욥과 대화하듯 질문을 했다.

"내가 그대에게 말한 스캇 펙, C.S 루이스, 빅터 플랭클, 폴 투르니에, 애나 렘키와 볼프람 슐츠, 그리고 양자역학에 관한 이야기들은 모두 진리가 아닌 진리를 가리키는 이정표입니다."

바람이 멈추었는지 천막은 고요해졌다. 테이블 위 촛불이 뮤지컬 무대 위 하이라이트처럼 사내 얼굴을 향해 비추고 있었다.

"엘리바스, 빌닷, 소발. 이 망할 삼총사 자식들은 내가 잘못해서 하나님께 벌을 받은 것이니까 빨리 회개하라고 재촉했어요."

사내는 깊은 한숨을 내쉬었고 이제 내가 말할 차례가 된 듯했다.

"저도 그런 생각을 많이 했었습니다. 내가 무슨 죄를 지어서 그런 거지?"

"그대나 나. 그리고 이 세상의 모든 사람은 머릿속에 인과응보라는 개념이 있죠. 나의 세 친구도 인과응보를 근거로 내게 조언했고요. 특히 구약성서에도 인과응보의 개념이 많이 나오죠. 고대 이스라엘 민족만 보더라도 죄짓고, 벌 받고, 회개하고, 또 죄를 짓고, 벌 받고, 회개하고. 이 패턴의 연속입니다. 물론 벌을 받아도 회개하지 않는 경우가 많았지만…."

사내의 말이 궁금했던 나는 질문을 쏟아 냈다.

"세 친구가 선생님에게 인과응보의 원칙으로 조언했다는 것은 옳은 조언 아닌가요? 인과응보란 원인이 있으면 결과가 있다는 것인데, 어차피 하나님이 인과응보의 원리로 이 세상을 만들었으니까 그렇게 생각하는 게 이상하지 않은 것 같은데요."

테이블 위에 있던 초가 다시 흔들리면서 사내의 그림자도 흔들거렸다.

"그런데, 이 사실이 중요합니다. 인과응보의 개념으로 날 조언했던 그 친구들을 하나님께서는 틀렸다고 꾸짖으셨죠(욥42:7)."

나는 사내의 얼굴을 바라보았다.

"하나님은 내가 당했던 고난을 인과응보의 개념으로 설명하지 않았습니다. 그 대신 하나님은 자신이 만드신 세계를 보여주셨습니다(욥38:41)."

"그러니까… 선생님이 받는 고통이 어떠한 원인 때문이라고 말하는 것이 아니라.."

내가 잠시 뜸을 들이자, 사내가 말을 이어 받았다.

"그렇습니다. 고난의 원인은 언급하지 않고 창조자가 만든 이 세상을 보라고 하셨죠."

"그런데 정말 신께서 그렇게 말씀하셨나요? 그게 무슨 의미인가요?"

"이 세상을 보라는 것은 보이는 것에 담긴 보이지 않는 것의 의미를 알아야 한다는 의미 같았습니다."

갑자기 테이블 위의 초가 꺼졌다. 천막 안은 순간 암흑으로 변했다. 바람 소리와 소음도 사라지고, 이 세상에 나 혼자만 있는 것 같은 두려움이 밀려왔다.

나는 같은 질문을 되풀이했다.

"하나님께서 만드신 세상을 보라는 게 무슨 뜻이죠?"

캄캄한 어둠 속에서 사내가 말했다.

"내가 듣고 싶은 이유 대신 우주를 보라고 하셨죠. 하나님께서 만드신 별, 지구, 물리 법칙이 통하는 이 땅에 있는 생명체를 하나하나 언급하시고 내가 무얼 알고 있느냐고 되물으셨죠(욥

38:3).”

무엇을 알고 있는가. 그 순간, 우주의 암흑 에너지와 온통 기이한 우주 상수들과 도무지 일어날 수 없다던 생명의 기원이 생각났다. 모든 가능성이 중첩되어 있고 현재의 관측이 결과로 나타난다는 기괴해 보이는 양자역학까지. 내가 알고 있는 것은 암흑, 암흑뿐이다.

온몸에 식은땀이 흐르는 듯했다. 숨이 가빠오는 것을 느끼며 내 옷가지 어딘가에 있을 휴대폰을 더듬어 찾기 시작했다. 휴대폰의 라이트를 켜서 천막 안을 비췄다. 그런데 사내의 모습은 보이지 않았다.

테이블 위에는 다이어리의 맨 앞 장이 펼쳐져 있었다. 페이지에는 만년필로 휘갈겨 쓴 글씨가 크게 쓰여 있었다.

    이 우주의 창조자가 그대의 눈에서 모든 눈물을 씻어주실 것입니다(계7:17).

이것이 그대의 인생을 바꿀 마지막 문장입니다.

굿나잇. 욥선생.

일상

전철에서 내려 땅 위로 올라섰다. 거리의 바람이 기다렸다는 듯이 내 몸을 덮쳤다. 조만간 봄이 온다는 것을 알리는 것처럼 바람은 미지근했다. 금요일 저녁 신촌의 거리는 젊은이의 열기로 가득했다. 나는 꽈배기와 튀김이 담긴 봉지를 들고 집으로 발걸음을 옮겼다. 신촌문화공원을 지나며 예전 인생상담소 천막이 있던 쪽을 힐끗 쳐다봤다. 거기에는 천막이 사라지고 대신 교복을 입은 아이들이 축구공으로 리프팅을 하고 있었다.

사내와 천막에서 대화를 나눈 그날 이후, 종종 공원을 들러보았다. 하지만 천막은 아무리 찾아도 보이지 않았다.

 나는 휴직한 지 석 달 만에 안내데스트가 아닌 총무팀으로 복직했다. 호텔 비품 구매 업무를 시작했고 입사 후배가 총무팀장이 된 것만 빼고는 불편할 게 없었다. 배의 통증도 덜하고, 의사는 관해기(병증이 완화된 상태가 지속되는 기간)를 잘 유지하고 있다고 했다. 완치는 힘들어도 악화와 호전을 반복하면서 최대한 호전 상태를 길게 유지하는 게 좋겠다는 게 의사의 조언이었다.

 병세가 악화될 때는 호전될 때를 기다리고, 호전의 상태일 때는 병의 증세가 나빠질 때를 걱정하기보다 일상을 감사하고 누리기로 했다. 어쩌면 이런 생각도 양자물리학에 대한 사내의 특강 덕분일지도 모른다. 그리고 몇 년이 될지는 몰라도 자가면역질환을 치료하는 신약을 개발 중이라고 하니 희망을 품어본다.

 도리어 요즘 내가 해결해야 할 문제는 총무 이사가 시킨 AI 공부이다. AI를 이용해서 총무팀 업무를 효율적으로 개선할 방안을 강구하라고 지시했다. 나도 리포트를 제출해야 한다. 그래서 AI 어플 몇 개를 설치해서 연습하고 있다.

그런데 신촌문화공원을 지나며 문득 사내 생각이 났다. 그 사내가 정말 성경 속 인물 욥이었을까, 하는 생각에 갑자기 GEMINI라는 구글이 개발한 AI에 묻고 싶었다. 걸음을 멈추고 휴대폰을 꺼내 GEMINI 질문 창에 입력했다.

성경 속 인물 '욥'이 지금 이 시대에 신촌문화공원 천막 안에 존재할 수 있는가?

GEMINI는 잠시 고민이나 하는 듯 멈칫하더니 금세 답을 내렸다.

욥이 지금 이 시대에 신촌문화공원 천막 안에 존재할 가능성은 존재합니다. 양자역학에서는 개별 입자는 동

시에 여러 상태에 존재할 수 있다고 가정하기 때문입니다. 욥이 지금 이 시대에 신촌문화공원 천막 안에 존재하는 상태와 존재하지 않는 상태가 모두 존재할 수 있습니다. 따라서 만약 누군가가 신촌문화공원 천막 안에서 욥을 만난다면, 그것은 욥이 지금 이 시대에 신촌문화공원 천막 안에 존재하는 상태가 선택된 것이라고 해석할 수 있습니다. 그리고 아마도 욥은 신촌문화공원 천막 안에서 어려운 환경 속에서도 열심히 살아가는 사람들을 도와주는 역할을 할 것입니다. 그는 자신의 고난을 통해 얻은 지혜와 경험을 통해 그들에게 위로와 희망을 줄 것입니다.[8]

미주

1   폴 투르니에. 『고통보다 깊은』. IVP. 36쪽. 2014년.

2   남포교회 박영선 목사님 욥기 강해 설교에서 인사이트를 얻었습니다.

3   C.S.루이스. 『고통의 문제』. 홍성사. 52-53쪽 재인용. 2018년.

4   YOUTUBE <지식보관소>에서 인용. 자세한 내용은 https://www.discovery.org/m/2020/06/Fine-Tuning-Parameters-Jay-Richards.pdf를 참고해 주세요.

5   Steven Weinberg Discussion. Richard Dawkins for Reason & Science. https://www.youtube.com/watch?v=edsDrqfDVKY&list=PLAFE6DDDA9CEA82BF

6   2015년 봄 카오스 강연 "기원-생명이 탄생할 확률" 최재천 교수. https://www.youtube.com/watch?v=XT2geoBtVfo

7   스캇 펙. 『아직도 가야 할 길』. 율리시즈. 130-133쪽에서 재인용. 2023년

8   이 문단은 GEMINI에 "양자역학의 앙상블 해석에 따르면 고대시대 성경 속 인물 욥이 지금 이 시대에 신촌문화공원 천막 안에 존재할 수 있는가?", "고대시대 성경 속 인물 욥이 지금 이 시대에 신촌문화공원 천막 안에 존재할 수 있는가?" 라는 두 가지 질문에서 얻은 답을 이야기의 극적 효과를 위해 취사선택하여 구성하였습니다. 하지만 내용을 임의대로 수정하지는 않았습니다.

그림출처: https://en.wikiversity.org/wiki/File:Vincent_van_Gogh_-_Old_Man_in_Sorrow_(On_the_Threshold_of_Eternity).jpg

Epilogue

어느 겨울날 스타벅스에 간 적이 있습니다. 카페 안은 익숙한 재즈 음악이 포근하게 울리고 있었죠. 스타벅스 시그니처 컬러인 그린과 크리스마스 시그니처 컬러인 강렬한 레드의 콜라보를 보니, 설레더군요.

창가 쪽에 자리를 잡고 앉아 갓 내린 커피를 바라보았습니다. 커피는 검고 짙게 일렁이고 있었습니다. 추운 날씨에 온종일 떨어서인지 커피 한 모금이 들어가자, 이제 내게는 사라졌다고 여겼던 여유와 행복이 피가 돌 듯 온몸으로 퍼져나가는 것 같았습니다.

요즘은 다들 사이렌 오더로 주문하나 봅니다. 만

사 귀찮을 때는 커피를 주문하는데도 입조차 떼기 싫은 법이죠. 나의 취향이 반영된 커피 한 잔을 얻기 위해 매니저의 질문 공세에 피곤한 입을 열지 않아도 말없이 주문할 수 있는 권리를 종종 저도 누렸습니다.

신화 속 사이렌은 선원들을 위험에 빠트릴 만큼 아찔하게 아름다운 노래로 유혹했다는데, 스벅의 사이렌 오더에는 노래는커녕 말 한마디 없습니다. 대신, 픽업할 때 개성이 담긴 닉네임이 불리는데, 창가에 앉아 매니저가 불러 주는 닉네임을 듣는 재미가 쏠쏠합니다.

닉네임이 불리고 조금 후, 정반대의 이미지를 가진 사람들이 나타나 음료를 찾아갈 때 맛보는 반전의 묘미가 있습니다. "카프카 고객님!"이라는 닉네임이 불리자 50대쯤 되어 보이는 여성이 조각 케이크와 커피를 받아 들고 총총걸음으로 사라졌습니다. 시니컬해 보이는 남자가 나타나 에스프레소 한 잔 픽업해 갈 줄 알았는데, 사람 좋아 보이는 후덕한 인상이 카프카의 고독과는 멀어 보였죠.

"김철수 고객님!"

다들 쓰는 닉네임을 쓰지 않고 본명을 쓰는 진지한 사람인가 봅니다.

"A-31 번 고객님!"

"제니 고객님!"

"A-32 번 고객님!"

"예수 고객님!"

순간 귀를 의심했죠. 예수가 스타벅스의 회원일 리는 만무하고, 그러면 닉네임을 예수로 지을 만큼 신심이 깊은 건가, 아니면 짓궂은 사람인가? 어디 예수 고객님 얼굴이나 구경해야지 하며 기다리는데, 우리의 예수 고객님은 좀처럼 나타나 주시지 않습니다.
직원은 소리를 한 피치 더 올렸습니다. 목소리가

작은 편인지 볼륨을 높일수록 벌겋게 핏대가 살짝 드러나 보였습니다.

"예수 고객님!"

"예수 고객님! 예수님!"

다들 픽업대를 힐끗 쳐다보았고, 한 무리의 학생들이 웃음을 터트렸습니다. 그때 20대로 보이는 한 청년이 주위 시선에 아랑곳하지 않는 표정으로 당당하게 걸어 나와 아이스 돌체 라테와 에스프레소를 픽업했죠. 치렁치렁하게 긴 갈색 파마머리의 뒷모습이 성화에서 보던 예수의 이미지였습니다. 추운 날씨가 무색한 반소매 차림이었고, 팔 전체를 휘감고 있는 모비딕 무늬 문신이 예수라는 닉네임과의 부조화 속에 묘한 긴장이 느껴졌습니다.

문득 이런 생각이 들었습니다. 그가 예수님이라면, 내 앞에서 예수님이 커피를 마시고 있다면 한 번쯤 물어보고 싶었던 게 있었습니다.

"나한테 왜 이러시는 겁니까!"

누구나 그럴 때가 있습니다. 실패에 낙심하고, 우울과 불안에 힘겨워하고, 온갖 걱정에 잠 못 이루는 날들 말입니다. 그럴 때면 누군가에게 꼭 따지고 싶습니다.

저는 청년 시절, 삶의 희망을 잃어버리고 공포와 불안감에 싸여 일상생활이 어려웠던 적이 있었습니다. 욥이 당했던 것에 비하면 아무것도 아닌 작은 고난이었지만, 부끄럽게도 저는 욥처럼 자지 못하고, 먹지 못하고, 새벽마다 식은땀을 흘리며 일어나야 했습니다. 그리고 욥처럼 내 신세를 한탄했습니다.

돌이켜보면, 다행이었다고 생각합니다. 불안하고 힘들 때 하나님께 따질 수 있었으니까요. 그땐 나 자신을 향하여 자책하기도 하고, 때론 주위 사람들을, 그리고 이 세상을 원망하기도 해보았지만 내 항의의 종착역은 늘 하나님이었습니다.

우리는 모두 힘든 삶을 살아갈 수밖에 없습니다. 그래서 우리 모두는 욥입니다.

욥처럼 그 누구도 아닌, 하나님께 항의하고 따지고 질문할 수 있으면 좋겠습니다. 그러면 하나님께서는 대답해 주시고 만나주시리라 저는 믿습니다.